NOTES

SUR LES CANAUX

DE PICARDIE,

Relatives à différens projets de jonction des rivières du Nord de la France avec celles de l'intérieur.

Deserenda nunquam veritas utilis.

NOTES

SUR

LES CANAUX DE PICARDIE.

Deserenda nunquam veritas utilis.

I. L'on s'est occupé long-temps de rendre l'Escaut navigable, de Cambrai à Valenciennes ; ce qui a été enfin exécuté vers 1770, époque où M. Laurent a été chargé de la direction des travaux projetés en 1614, 1650 et 1728. Il y a fait plusieurs changemens peu heureux ; et on fut obligé, en 1783, de construire, après coup, l'écluse d'Ivuy, pour racheter la trop grande pente qui se trouvoit entre le sas de Thun et le bassin rond près d'Estrung ; faute que M. Laurent auroit évitée, s'il avoit consulté les nivellemens de MM. Devic et de Plotot, qui lui avoient été remis.

On peut aujourd'hui naviguer librement de Cambrai à Valenciennes, avec des bateaux tirant quatre pieds d'eau. Ils entrent à Cambrai, dans les fossés du corps de place, à la gorge de la Couronne de Cantimpré, qui sert de port. Ils y sont auprès de l'écluse de l'entrée des eaux, dite des Arquets, par où il faudroit les faire passer, pour remonter vers les sources de l'Escaut, si la navigation y étoit établie.

II. En 1738, M. de Crozat acheva le canal de jonction de la Somme à l'Oise ; il part de Saint-Quentin, passe à Saint-Simon, et va à Fargniers, où il se divise en deux branches ; l'une se dirige sur la Fère, et l'autre joint l'Oise, à Chaulny ; de sorte que l'on peut transporter par eau les marchandises de gros volume, de Saint-Quentin à Chaulny ; et de cette ville à Paris, en descendant l'Oise par Sampigny, Noyon, Compiègne, etc.

Le canal de jonction de Saint-Simon à Fargniers, et de Fargniers à la Fère, et à Chaulny, construit par un particulier, avec des dimensions mesquines, est d'un médiocre usage, et très-peu fréquenté : il

A

à même été négligé pendant long-temps. Il étoit tombé, lors du partage de la succession de M. de Crozat, dans le lot de madame la la duchesse de Choiseul, sa petite-fille, et lui tenoit lieu d'un capital de deux millions deux cent mille livres, qui ne lui rapportoit pas quatre mille livres de rentes annuelles. M. Laurent, déjà attaché à M. le duc de Choiseul par les travaux qu'il avoit conduits à Chanteloup, pour se rendre de plus en plus utile à son protecteur, s'occupa des moyens de faire vendre la propriété de ce canal, au gouvernement. Il fit un mémoire sur ses propriétés commerciales, où il avançoit qu'il servoit au transport du charbon de terre, nécessaire à la fonte des glaces de la manufacture de Saint - Gobin. M. Deslandes, directeur de cette manufacture, tenta vainement, à la prière de M. Laurent, de faire usage de la houille pour ses fontes ; mais les glaces acquéroient, par l'effet du soufre et de la fumée, une eau noirâtre et embrumée, qui le força à y renoncer absolument. Cependant pressé par M. Laurent, M. Deslandes consentit enfin à recevoir les charges de quatre bateaux de houille qu'il a consommé dans les forges et autres ateliers nécessaires à sa manufacture, sans avoir jamais pu l'employer aux fourneaux de fonte des glaces. C'est tout ce que demandoit M. Laurent, qui prit acte de ce transport de houilles à Saint-Gobin, et joignit ce procès - verbal à son mémoire. Le conseil des finances trompé sur l'utilité de cette navigation, donna son assentiment à l'acquisition du canal, qui eut lieu en effet. C'est ainsi que le conseil fut dupe d'une petite jonglerie, et fit une mauvaise acquisition pour l'Etat.

Navigation de la Somme de St.-Simon à Amiens. III. MM. de la Guerrecharbise et de Préfontaine, officiers du génie, qui avoient fait le projet du canal Crozat, tracèrent en 1725, pour le même particulier, celui de la navigation de la Somme, de Saint-Simon à Amiens. (Voyez l'architecture hydraulique de Belidor, où ce projet est rapporté.) Ces officiers soutenoient constamment le fond de leur canal au-dessus du lit de la rivière, et ne descendoient presque jamais dans son vallon marécageux. Ce projet est mesquin, et ne pouvoit convenir qu'à un particulier qui veut économiser sur la dépense, sans s'embarrasser du pays, et qui ne cherche qu'à remplir son objet, sans s'occuper d'obtenir de grands résultats.

Les motifs qui avoient conduit leurs tracés, étoient 1°. de rendre les excavations moins frayeuses, en évitant, le plus qu'ils pouvoient, les

(3)

épuisemens d'eau. 2°. Ils évitoient par-là l'achat et la destruction de
partie des moulins qui sont sur la Somme, ainsi que des étangs qui
y sont très - multipliés ; et les plaintes, les intrigues des propriétaires
de ces moulins et de ces étangs ; parce que s'ils eussent dirigé leur
canal par le milieu des marais, il auroit fallu supprimer une partie des
uns et des autres.

Il résultoit, de leurs tracés, de grands inconvéniens, tels 1°. que
d'augmenter l'étendue des marais de la Somme, déjà très-considérables
et fort mal - sains. Ils ne sont presque d'aucuns rapports, que celui
des tourbes que l'on extrait, et dont les fouilles les rendent encore plus
funestes, en les changeant en flaques d'eaux croupissantes, pour des
siècles entiers. Ces marais seroient devenus, par l'exécution de ce canal,
entièrement impraticables ; parce que tel soin que l'on puisse apporter
aux corrois des digues, on n'empêchera jamais les infiltrations de
fond, à travers la tourbe dont ils sont composés. 2°. Cette navigation
ainsi construite, quoique funeste au pays, seroit sans une utilité réelle
pour l'Etat ; et loin d'améliorer ses revenus, ce canal ainsi soutenu les
diminueroit, en augmentant l'étendue des marais.

Il faut, lorsqu'on fait des projets de canaux, les construire de manière qu'ils réunissent aux propriétés commerciales, aux transports
civils et militaires, celle d'améliorer les prairies des vallons où ils
passent. En suivant cette intention, qui doit être un des objets essentiels
d'un gouvernement sage et ami de l'humanité, on peut rendre le vallon
de la Somme moins mal - sain, et changer ses marais en belles prairies,
dont les pâturages serviroient à élever des bestiaux, et à établir
des harras ; deux spéculations intéressantes qui, en influant sur le bon-
heur et la richesse du pays, fourniroient des ressources à l'Etat ; et surtout dans la position où se trouve la France, qui, pour se procurer ces
objets qui n'y sont pas suffisamment abondans, est obligée d'avoir
recours aux étrangers.

IV. M. Laurent s'est approprié le travail de MM. de la Guerrecharbise et de Préfontaine ; et quoiqu'il dût l'exécuter aux dépens du gouvernement, au lieu de rejeter le mesquin du projet, il l'entreprit en
1770, sans y faire le moindre changement utile.

M. de Chabot, ingénieur en chef à Saint-Quentin, fut chargé par le
ministre, cette même année 1770, et depuis en 1775, d'examiner le

cours de la Somme. Il fit en conséquence un projet qui réunissoit tout l'avantage d'une navigation plus certaine et plus facile, celui du desséchement des marais de la Somme. Mais malheureusement les nivellemens faits par MM. l'Espinasse et Belle-Isle, donnèrent l'alarme aux propriétaires des étangs et des moulins. Ils se réunirent, mirent à leur tête M. d'Estouilly, l'un d'eux, neveu de M. de la Condamine l'académicien, et lieutenant de roi de Saint-Quentin. Il étoit, sans s'en douter, un de ceux dont les moulins et les prairies étoient entièrement conservés. Cette petite coalition se réunit à M. Laurent, dont le fils étoit gendre de M. d'Agay, intendant de Picardie; et ils firent si bien, que cet intendant, nommé rapporteur de ce projet au conseil, le fit rejeter à la majorité des voix. Vers 1776, M. Turgot, alors contrôleur général, homme instruit, dit à M. Chabot, que quoique l'académie, ainsi que lui, approuvassent son projet de navigation et de desséchement de la Somme, il n'auroit pas lieu; et que celui de M. Laurent, quoique plein de vices, l'avoit emporté au conseil. Voilà comment les hommes qui sont à la tête des Etats, ont souvent la main forcée. C'est bien à tort qu'on leur attribue des fautes irréparables qu'ils n'ont pu ni prévoir, ni empêcher, car ils sont hommes et ne peuvent tout savoir.

Ce canal a été entrepris et ébauché depuis Saint-Simon jusqu'à Sailly-le-Sec, à cinq lieues au-dessus d'Amiens, et n'est fini nulle part. On observera seulement, qu'en passant près de Péronne, forteresse à laquelle il devoit être soumis en s'attachant à la fortification, M. Laurent de Lyonne l'a placé à 150 toises de la queue des glacis de la Couronne de France; de sorte qu'en coupant une digue pour en jeter les eaux dans le marais plus bas que le fond du canal de plus de dix pieds, celui-ci seroit une parallèle toute faite contre la Couronne de France, où il ne faudroit ouvrir que des embrasures dans la digue, pour avoir d'excellentes batteries à ricochets contre la forteresse. Nous citons ceci, pour donner un échantillon de la manière dont M. de Lyonne ménage l'intérêt de l'Etat, dans les travaux dont il a la direction.

Projet de M. de Vic pour la jonction de l'Escaut à la Somme, de Cambrai à Saint-Quentin.

V. M. Leblanc, ministre de la guerre, demanda en 1727, à M. de Vic, alors ingénieur en chef des forteresses de Cambrai et de Saint-Quentin, un projet de jonction de l'Escaut à l'Oise et la Somme, passant par sa terre d'Ivuy, à une lieue et demie au-dessous de Cambrai. Cet offi-

cier fit trois projets, dont deux à ciel ouvert, et le troisième partie
à ciel ouvert et partie souterrain. Nous avons tous les détails et les
plans de ce projet, faits avec beaucoup de soin et d'exactitude, à la
manière dont le corps des ingénieurs militaires fournissent les leurs.
M. l'abbé Pettavy, après la mort de M. de Vic, tué à Prague en 1742,
fit présent des minutes des plans et détails de ce projet, à M. d'Hérouville, qui avoit placé le fils de M. de Vic dans son régiment.
M. Laurent avoit appris de M. Boilleux, entrepreneur des fortifications de Cambrai, sous lequel il avoit fait les fonctions de piqueur
à la construction de la chaussée de Cambrai à Bonavis, que M. de Vic
avoit fait ce projet ; il en obtint la communication, par l'entremise
du duc de Choiseul, qui s'adressa à M. d'Hérouville, quoiqu'il existât
dans le dépôt des fortifications. M. Laurent mutila ce projet pour se
l'approprier, comme on le verra ci-après (n°. XI).

VI. M. de Vic ne cacha point à M. Leblanc que son projet lui paroissoit d'une réussite presque impossible ; non pas que l'exécution
fût douteuse, mais parce qu'il croyoit que la navigation y seroit
tellement difficile, que ce canal lui paroissoit de nature à ne pouvoir
être accepté. Il établissoit son canal en sortant de Cambrai par les
écluses des Arquets, remontoit le vallon de l'Escaut le long de sa rive
gauche, jusqu'aux censes de Maquincourt, sur une pente de 138 pieds
3 pouces, au moyen de quatorze sas simples, et de deux sas accolés,
de 9 pieds de chute chacun. Des censes de Maquincourt, où il
construisoit un petit bassin ou port de séjour, partoit un canal souterrain de 3440 toises, qui passoit sous le mont Saint-Martin, et débouchoit dans le vallon, entre Belle-Englise et les censes de Riqueval,
où il projetoit un nouveau bassin de séjour.

Le canal parcouroit à ciel ouvert tout le vallon, sur un seul niveau, sur une longueur développée de 2870 toises, au bout desquelles
se trouvoit un troisième bassin de séjour, à l'entrée du second souterrain, placée sous la hauteur du Tronquoy ; celui-ci avoit 700 toises,
et débouchoit vers le vallon de Lesdain ; un bassin de séjour devoit
aussi être construit dans cette partie. L'objet de ces quatre bassins
étoit de rassembler les bateaux qui s'y rendoient pour y attendre
que les souterrains fussent libres ; parce que non - seulement deux
bateaux ne pouvoient s'y croiser, mais que s'ils eussent été trop près

les uns des autres; le volume d'eau qu'ils déplaçoient auroit alors noyé les banquettes destinées au halage, ce qui auroit nui à leur navigation. Depuis la prise d'eau aux censes de Maquincourt jusqu'à sa sortie au delà du Tronquoy, le canal sur une étendue de 7010 toises, étoit d'une seule tenue. Les deux parties souterraines devoient être revêtues en maçonnerie et éclairées par des puits placés de 40 en 40 toises.

Du bassin au sortir de la voûte sous le Tronquoy, le canal descendoit sur la Somme par le vallon de Lesdain, avec une pente de 47 pieds 6 pouces, rachetée par cinq sas, de 9 pieds et quelques pouces de chute chacun. Au-dessous du cinquième sas, la navigation entroit dans les avant-fossés de Saint-Quentin, et delà dans la Somme, et traversoit la chaussée à la gorge de la corne d'Ill, d'où elle devoit rejoindre le canal à Saint-Simon.

VII. L'Escaut, pris aux censes de Maquincourt, est de 47 pieds 6 pouces plus haut que la Somme à Saint-Quentin; et au moyen d'une écluse et d'une prise d'eau, il étoit destiné à alimenter les deux souterrains, et le canal à ciel ouvert qui les joint; et même il auroit pu être jeté tout entier sur Saint-Quentin, pour en augmenter les inondations, déjà trop considérables.

VIII. M. de Vic ne s'étoit pas borné à donner les détails de la navigation de Saint-Quentin à Cambrai, il les avoit poussés jusqu'à Valenciennes, où, de son temps, l'Escaut commençoit à porter bateau. Il donnoit 14 pieds de largeur par le fond aux parties souterraines, et 16 pieds à la flottaison, 5 pieds de hauteur aux banquettes sur le fond pour soutenir 4 pieds d'eau, un pied à chaque banquette destinée pour le halage. La clef de la voûte avoit 26 pieds au-dessus du fond du canal. Il proposoit de revêtir la totalité des souterrains sur 18 pouces d'épaisseur, et établissoit 85 puits au souterrain sous le mont Saint-Martin et 16 à celui sous le Tronquoy. Il estime la totalité des mouvemens de terre de Saint-Quentin à Cambrai à 220 mille toises cubes de terre. Les maçonneries, tant en ciment qu'en mortier commun, à 17,020 toises cubes. Les enduits de ciment à 1640 toises carrées. La pierre de taille à 2600 toises carrées. La charpenterie à 21,736 solives de bois de chêne. Les ferrures à 94,654 livres, les fontes à 16,676 livres, etc., etc.; ce qui, en 1727, auroit coûté beaucoup moins qu'aujourd'hui, où cette estimation ne seroit pas moindre que six millions.

IX. Les avantages du projet de M. de Vic seroient, la réunion des navigations de la Belgique, de la Flandre française, et des canaux proposés par le maréchal de Vauban en 1706, avec les rivières d'Oise et de Seine, et l'intérieur de la France. Ses inconvéniens seroient : 1°. la somme considérable qu'il faudroit employer à sa construction, objet qui ne peut cependant pas arrêter le gouvernement, lorsqu'il s'agit d'un résultat très-utile, puisque ce n'est qu'une dépense momentanée et une fois faite, dont les fonds ne sortant pas du pays, n'appauvrissent pas l'Etat, et finissent par rentrer dans ses coffres.

2°. Ceux prévus par M. de Vic lui-même, et qu'il n'a pas dissimulé dans son temps, consistent dans l'embarras d'une navigation souterraine, toujours désagréable et difficile, plus longue et plus pénible que celle à ciel ouvert (n°. XLVI). Le peu de largeur des trottoirs, qui ne permettent pas d'employer des chevaux pour tirer les bateaux, et la contrainte qu'éprouvent les hommes par l'effet de la courbure de la naissance des voûtes, qui les oblige à se pencher vers le canal, et leur fait perdre une partie de leurs forces.

3°. La résistance de l'eau dans un canal de 16 pieds de largeur à la flottaison, dans lequel passent des bateaux de 14 pieds, est immense ; parce que l'eau, refoulée par le bateau, n'ayant pas d'espace suffisant pour s'étendre, s'élève à l'avant du bateau, et oblige à surmonter cette résistance pour continuer la route. Il n'en est pas de même dans un canal de 60 pieds de largeur, qui est la plus petite dimension de ceux à ciel ouvert, parce que dans ceux-ci l'eau, déplacée par le bateau, se refoule vers les rives de droite et de gauche, et n'y forme qu'un remoux très-léger, quoique sensible, qui n'occasionne presqu'aucun obstacle à vaincre, que celui de la pression naturelle et inévitable de l'eau sur l'avant du bateau, lorsqu'il chemine. MM. de Condorcet et du Buat estiment qu'un bateau, par l'effet de la résistance de l'eau dans un canal souterrain, mettra 141 minutes à parcourir 2000 toises, lorsque celui-ci a 17 pieds de largeur au lieu de 16 que lui donne M. de Vic ; de sorte qu'il faudroit plus de 5 heures pour traverser le souterrain sous le mont Saint-Martin, et 50 minutes pour le passage de celui sous le Tronquoy. Si ces souterrains avoient 25 pieds de largeur à la flottaison, comme M. de Chabot le demande dans ses mémoires, il suffiroit de 4 heures 15 minutes pour ces deux souterrains. On parcourroit la même longueur de canal à ciel ouvert, en 2 heures 15 minutes (n°. XLV). M. de Condorcet en conclud qu'il faut donner au moins 30 pieds de largeur aux canaux souterrains, sur lesquels des bateaux de 14 à 15 pieds devroient naviguer, au lieu de 16 que leur donnent MM. de Vic et Laurent.

4°. L'art peut, avec de la dépense et du temps, remédier en partie à ces inconvéniens, par l'adoption d'un meilleur profil; mais le plus fâcheux de tous ces inconvéniens, et celui auquel l'art ne peut rien, est la température de l'air dans les canaux souterrains d'une certaine étendue. L'on a remarqué dans celui de Picardie, construit par M. Laurent, et dont nous allons parler, que le thermomètre de Réaumur y est à une hauteur constante de 6 à 7 degrés au-dessus de zéro, l'été comme l'hiver, c'est-à-dire, de 3 ou 4 degrés plus bas que dans les caves de l'Observatoire de Paris, ce qui provient des courans d'air produits par les puits, et les entrées et sorties de ces longs pertuis en ligne droite. Or, un homme tirant un bateau à l'air libre en été, lorsque le même thermomètre est à 16 ou 20 degrés, chaleur ordinaire de cette saison en Picardie, cet homme sera naturellement dans une forte transpiration et en sueur, lorsqu'il entrera dans ces souterrains, où il trouvera l'air de 10 à 15 degrés plus froid que la température de l'atmosphère; il y éprouvera nécessairement un froid qui, en supprimant la transpiration, et répercutant la sueur, lui occasionnera des maladies graves, et peut-être quelquefois un mal assez violent pour l'empêcher de continuer sa course, et l'obliger à séjourner dans ces souterrains. Nous ne connoissons pas de moyens propres à prévenir et préserver de ces accidens, occasionnés par cette variation subite de chaleur, et par les courans d'air, qui auront lieu inévitablement dans ces souterrains.

X. Nous conclurons comme M. de Vic, que quoiqu'on puisse avec de la dépense exécuter une navigation souterraine, elle sera toujours d'un mauvais usage, et nous conseillerons, comme lui, de la rejeter absolument. Nous observerons néanmoins, que M. de Vic a fait ses estimations trop foibles, par le peu d'épaisseur qu'il donne

au

au revêtement de ses souterrains. Il leur suppose 18 pouces d'épaisseur; ce qui suffit bien pour mettre du roc à l'abri des influences de
l'air, mais non pour le soutenir, non plus que les terres.

XI. Voici les changemens principaux que M. Laurent a fait au
projet de M. de Vic, dont nous venons de rendre compte. Celui-ci
ayant remarqué sur le plan, que des censes de Maquincourt à la
sortie du Tronquoy, le canal de M. de Vic faisoit plusieurs coudes,
et étoit partie à ciel ouvert, et partie sous terre, trouva bien plus
simple et plus beau de ne faire qu'un seul souterrain. Il prit sa rè-
gle, et des hauteurs du Tronquoy, au village de Vendhuille, au-dessous des censes de Maquincourt, il traça une ligne droite, et redressa
le projet de M. de Vic, comme feu le maréchal de Belle-Isle redressoit
les rues de Metz. M. Laurent se procura ainsi un grand souterrain de
7020 toises en ligne droite, qui faisoit, d'une seule tenue d'eau, le
même trajet que les deux souterrains de M. de Vic, et le canal à ciel
découvert qui les joignoit; avec cette seule différence, que la prise
d'eau à Vendhuille étant plus basse dans l'Escaut, il établit le niveau
de son canal de 8 pieds plus bas que le point de partage de M. de Vic.
Il supprima aussi les bassins de séjour, que celui-ci avoit proposé, à
l'entrée et à la sortie de chaque voûte.

De Vendhuille, M. Laurent gagne aussi l'écluse des Arquets à Cambrai, en se tenant dans le vallon de l'Escaut, le long de sa rive
gauche; et comme son canal est de 8 pieds plus bas que celui de
M. de Vic, il peut faire un sas de moins, ou diminuer le ressaut
des sas de 6 pouces. Cette partie n'est qu'ébauchée en quelques endroits seulement. Du Tronquoy à Saint-Quentin, où le canal est exécuté
en partie, M. Laurent a supprimé un sas, et a fait plusieurs changemens qui ont augmenté prodigieusement la dépense. M. l'abbé Pettavy,
beau-frère de M. de Vic, dans sa lettre ostensible du 20 novembre 1781,
dit que l'objet de MM. Laurent dans leurs changemens, étoit de
couvrir les faux emplois de l'octroi sur les eaux-de-vie en Picardie,
destiné à construire des greniers d'abondance dans cette province,
où il n'y en a pas eu un seul de commencé. La ville de Saint-Quentin
ayant réclamé contre l'usage de cet octroi, dont les fonds servoient
à construire des édifices publics à Amiens, et demandé sa quote part,
pour bâtir des casernes, essuya un refus. Pour empêcher les plaintes

B

de cette ville, MM. Laurent voulurent couvrir la distraction des fonds censés employés au canal; ce qui leur étoit très - facile, puisque M. Laurent, tant qu'il veçut, ainsi que MM. Laurent de Lyonne et de Champrosé, ses neveux et ses successeurs dans la direction du canal de Picardie, étoient les maîtres de forcer, à volonté, les tableaux de leurs dépenses; ces messieurs étant tout à la fois directeurs, inspecteurs, ingénieurs, contrôleurs, entrepreneurs et caissiers, sans rendre compte à personne, et sans être tenus à appeler aucuns témoins à leurs toisés, ni à les appuyer par aucunes quittances propres à en faciliter la vérification, tout s'y allouant sur leur parole. Cette manière de travailler, assez extraordinaire, a duré depuis 1768, que l'ouvrage fut commencé, jusqu'en 1774, que M. Turgot en suspendit l'exécution.

XII. Il y a deux portiques très-élevés en architecture rustique, à l'entrée et à la sortie du canal souterrain. Faute de solidité, ils étoient déjà en ruine et étançonnés en 1779. On avoit aussi alors creusé 72 puits, distans de 100 toises les uns des autres, presque tous éboulés. On avoit élevé des murs de 9 à 10 pieds de hauteur tout autour de leurs entrées, pour prévenir les accidens. Ces puits avoient pour objet d'enlever les terres des excavations, au bouriquet; de donner de l'air au canal souterrain, et d'y communiquer une lumière foible et incertaine.

M. Laurent avoit admis le profil de M. de Vic pour son canal souterrain, en donnant deux pieds aux trottoirs; mais il se proposoit de ne pas le revêtir en maçonnerie. Il pensoit que la pierre dans laquelle il seroit creusé, auroit assez de consistance pour permettre de supprimer les revêtemens. Cependant il ne s'est trouvé qu'un mauvais tuf, de la nature de la craie, qui s'éboule par l'effet du contact de l'air. Ainsi, l'expérience a forcé M. Laurent de Lyonne de convenir, à la fin, qu'il est indispensable de revêtir son canal en maçonnerie.

XIII. Dans la tournée que j'ai faite avec le général Lafilte de Clavé, le 8 mai 1779, nous avons suivi ce canal avec la plus grande attention, depuis Cambrai jusqu'à Saint-Quentin. Il étoit alors abandonné depuis cinq ans, par ordre du ministre, d'après le rapport de MM. d'Alembert, Condorcet et Bossut, membres de l'Académie des Sciences, nommés par le gouvernement pour l'examiner; néanmoins on montroit encore aux curieux la partie achevée près de Magny-la-Fosse, vers le puits n°. 20. Nous y sommes descendus par un grand escalier, au bas duquel est une espèce de galerie souterraine, dont le profil forme un carré grossièrement excavé dans le tuf, de 9 à 10 pieds de largeur, sur la même hauteur. On y soutenoit deux pieds de hauteur d'eau. Cette galerie, de près de 300 toises de longueur, se traverse sur un radeau; et quoique mal éclairée, nous y avons reconnu les clous, et le reste des plâtras avec lesquels on avoit masqué les principales crevasses et les veines défectueuses du tuf, lorsque M. le comte d'Artois fut visiter ce canal, l'année précédente. Le ciel de cette galerie, et ses parois, surtout vers la flottaison, offroient par tout des marques d'éboulemens plus ou moins récens; et il y faisoit très-froid. Nous y avons observé que l'eau avoit un cours bien marqué vers la Somme, quoiqu'il en sortît par l'entrée du canal près Vendhuille un volume suffisant pour faire tourner un moulin, qui delà tomboit dans l'Escaut. Notre guide, espèce de perroquet instruit à débiter sa leçon, nous dit que ces courans en sens contraires provenoient d'un noyau de terre de 800 toises de longueur, au centre du souterrain, qui n'étoit pas ouvert. Nous avons trouvé que la partie de canal achevée, sur 6 à 7 toises de longueur, étoit excavée dans une veine de roc assez bonne, et qu'elle pouvoit se passer, à la rigueur, d'être revêtue. Nous y avons remarqué le bruit d'une chute d'eau très-prochaine. Notre guide nous apprit que les eaux s'écoulant vers le Tronquoy, on avoit barré le canal pour y soutenir celles nécessaires à la petite navigation que nous avions faite, avant d'arriver à la partie achevée, et que l'effet de la chute de l'eau par-dessus cette écluse, occasionnoit le bruit que nous entendions. Nous voulûmes gagner cette écluse pour la reconnoître, ce qui nous fut interdit. Nous conjecturâmes que les eaux se per- doient, avec d'autant plus de certitude, qu'arrivés à la sortie du souterrain, au delà de la hauteur du Tronquoy, nous ne trouvâmes ni eau, ni même aucuns vestiges qui indiquassent qu'il en eût jamais coulé par cette partie du canal, qui étoit entièrement à sec et pleine de foin jusque vers Lesdain, où nous vîmes les eaux sourdre de son fond, et prendre leur cours vers la Somme.

B 2

XIV. M. Rigault, physicien de la marine, demeurant à Saint-Quentin, et l'homme de plume de M. Laurent de Lyonne, dans sa lettre imprimée dans le Mercure, en réponse à M. Leroux, négociant et maire d'Amiens, nous apprit depuis, qu'effectivement les eaux se perdoient dans des sables au fond du canal souterrain, vers les puits n°. 8 et n°. 9, placés sous le vallon du Haulcout, et qu'elles disparoissoient entièrement, sans qu'on sache ce qu'elles devenoient, jusqu'à l'endroit où elles sortoient du fond du canal à ciel ouvert, près de Lesdain ; ce qui obligeoit à barrer le canal souterrain près de la partie achevée, pour y soutenir les eaux nécessaires ; et cette disparition des eaux forceroit à construire des bajoyers, radiers, et autres ouvrages nécessaires pour parer à ces infiltrations.

XV. M. Laurent de Lyonne, fatigué des reproches que l'on faisoit à son canal souterrain, obtint que M. de la Miliaire, nommé chef du corps des ponts et chaussées, en feroit la visite pour lui prouver que l'on avoit tort d'avancer que la stagnation du thermomètre au fond de ce canal, et le froid qui y règne constamment pendant l'été, le rendoient inhabitable : il fit placer, dans le puits par où on devoit descendre M. de la Miliaire, un nid d'hirondelles, qui y fut attaché par ce même M. Rigault. Il avoit sans doute oublié alors que M. de Condorcet étoit descendu en 1774 par ce même puits, et y avoit appliqué son thermomètre, qui s'étoit trouvé à six degrés au-dessus de la glace, et que les hirondelles ne choisissent jamais des souterrains, ni des puits, pour y bâtir leurs nids.

XVI. M. Laurent le père en établissant, d'un coup de crayon, son canal souterrain de Vandhuille au Tronquoy, ne s'est pas occupé d'une prise d'eau dans l'Escaut pour l'alimenter, quoique cela fût très-facile. Il comptoit sur la couche d'eau, dite vulgairement les *premières eaux*, qui, étant supérieure à son canal, devoit l'alimenter en s'y introduisant par les puits ; et il ne s'est pas trompé, car toute l'eau qui y est, est produite par-là ; et il y en entre beaucoup plus qu'il n'en faut pour une bonne navigation. D'ailleurs, rien n'empêcheroit de tirer de l'Escaut, au moyen d'une écluse et d'une rigole, toutes les eaux dont on pourroit avoir besoin.

XVII. M. de Condorcet nous a donné l'estimation du canal Laurent, de Saint-Quentin à Cambray, en supposant que, des 12 cent mille liv.

dépensés en 1774, il n'y avoit rien eu de détourné ; mais en substituant pour la partie souterraine, au profil admis par M. Laurent, un profil moins mauvais, c'est-à-dire, en lui donnant 25 pieds de largeur à la flottaison et 4 pieds à chaque trottoir, n°. 9, le tout entièrement voûté, et maçonné sur 18 pouces d'épaisseur, alors cette dépense totale s'élève à 11,757,000 liv., d'après les calculs de M. de Chabot. Nous les croyons trop forts de près d'un quart, parce que sur les 12 cent mille livres déja dépensés en 1774, il y avoit près d'un quart en faux frais, ou autres, selon la lettre ostensible de l'abbé de Pettavy, déja citée.

XVIII. Le canal, tel que M. Laurent l'a changé, n'a pas d'autre objet que celui de M. de Vic, et lui est très-inférieur en bonté, et en facilité pour l'usage. Il réunit tous les défauts reprochés à celui-ci, et ils y sont accumulés dans la proportion de l'étendue des souterrains, c'est-à-dire, comme 7020 : 4140. D'après ce profil commun aux deux projets, on ne peut y naviguer en sens contraire, faute de largeur pour le passage de deux bateaux, ce qui obligeroit de fixer des jours pour aller de la somme à l'Escaut, et d'autres pour aller de l'Escaut à la Somme ; inconvénient attaché au canal de Vic, malgré les bassins de l'entrée et de la sortie de chacune des parties souterraines, et la partie à ciel ouvert qui les joint. Cet inconvénient est encore plus fâcheux au canal Laurent, qui est d'une seule tenue, et n'a aucun bassin à ses extrémités ; car la traversée du souterrain Laurent de 7020 toises, exigeant, selon les calculs de MM. de Condorcet et du Buat, 16 heures de navigation, c'est-à-dire, un jour et demi de haleurs, ne peut s'exécuter dans les 24 heures, que par le secours de deux bandes de journaliers qui se relèvent ; moyen frayeux et presque impraticable, parce que le relais devroit s'établir au milieu de ce souterrain, où il n'y a aucun lieu disposé pour rassembler ces hommes. Dans le projet de Vic, par l'effet de l'interruption des deux souterrains, au moyen de la partie à ciel ouvert, il suffiroit d'un demi-jour pour les parcourir ; et si l'on avoit besoin de s'arrêter, on le feroit dans les bassins de séjour, construits pour cet usage, selon l'intention de l'auteur. Dans les estimations de M. de Condorcet, le canal de Vic doit coûter un quart de moins que celui Laurent, c'est-à-dire, près de trois millions de moins ; objet assez important pour y faire attention.

Comparaison des projets de MM. de Vic et Laurent.

Ces considérations, et d'autres du même genre, que nous n'avons pas rapportées ici, pour abréger, ont fixé le jugement des gens instruits et impartiaux, sur ces canaux. Ils conviennent tous que ces deux projets sont si vicieux, qu'ils doivent absolument être rejetés comme impraticables pour l'usage ordinaire; mais que dans le cas d'une option entre eux, comme de deux maux il faut choisir le moindre, il n'y a pas à balancer à donner la préférence à celui de Vic, sur les changemens proposés par M. Laurent. Cependant ces messieurs, qui étoient entre-preneurs de leurs projets, dont l'exécution faisoit leur fortune, ont toujours eu l'adresse d'amalgamer leurs intérêts avec ceux des gens en place, et de compagnies riches et puissantes, qui les ont étayés de leur crédit; tels étoient le duc de Choiseul, ministre de la guerre, les in-tendans de Picardie, et tels sont encore les seigneurs propriétaires des étangs et moulins sur la Somme, la compagnie des mines de Fresne et d'Anzin, etc., etc.

XIX. En 1774, M. Turgot, contrôleur général, convaincu que les projets de MM. de Vic et Laurent ne différoient que par le plus ou le moins de vices essentiels, chargea MM. des ponts et chaussées de cher-cher s'il étoit possible de joindre l'Oise à l'Escaut, par un canal à ciel ouvert. M. de Brie, ingénieur de ce corps, fit un projet. Il proposa de remonter l'Oise jusqu'à Vadencourt, de suivre le bassin du Noirieux jusque vers Etreux, où l'on devoit remonter au bassin de partage de 11 mille toises de longueur, qui s'étendoit jusqu'à la Seille; d'où le canal descendoit en suivant le vallon de cette rivière, jusqu'à Douzy, où il rejoignoit l'Escaut. M. Condorcet nous assure que la jauge des eaux nécessaires pour alimenter le bassin de partage, ayant été faite par M. de Brie, il se trouvoit assez d'eau pour entretenir une navigation florissante, qui assurément doit être préférée à tous les canaux sou-terrains possibles, et à ceux proposés par MM. de Vic et Laurent.

Jonction de l'Oise à l'Escaut par le Noirieux et la Seille, proje-tée par M. de Brie.

Nous ne connoissons du projet fait par M. de Brie, que ce qu'en rap-porte M. de Condorcet. Selon lui, celui qui en a fait tous les dé-tails, fixe le bassin de partage, de manière que sur 11,000 toises de longueur, l'excavation réduite est de 12 pieds de profondeur, sur laquelle il n'y en auroit que mille de 24 pieds réduite. Le terrain de ce bassin de partage est de bonne qualité, et les matériaux pour la cons-truction des écluses et sas, sont à portée du canal. Le Noirieux, peu distant du point de partage, fourniroit les eaux nécessaires pour descendre vers l'Oise, et la Seille celles destinées au canal jusqu'à l'Escaut. Le nombre de ces sas seroit d'environ 50, dont 20 seulement seroient alimentés par les eaux du point de partage. La dépense totale de ce projet, que M. de Condorcet n'indique pas, devroit être bien moindre que celle des canaux souterrains de MM. de Vic et Laurent.

XX. Les avantages du canal de M. de Brie sont, 1°. d'ouvrir une communication directe entre l'Oise et l'Escaut par un pays plus fertile que les bords de la Somme, et où se trouvent des marchandises de gros volume, qui ne se rencontrent pas entre Cambrai et Chaulny, sur la direction des canaux de Picardie et Crozat. 2°. La facilité de sa construction par la qualité du terrain, et la proximité des matériaux. 3°. L'augmentation du rapport de la forêt de Mormal, qui appartient au gouvernement. Cette forêt, de cinq lieues de long sur près de trois de largeur, n'est distante que de trois lieues de la Seille. Ce canal lui procureroit un débouché facile sur Paris et la Flandre, ce qui augmenteroit de plus de 100 mille livres le revenu annuel qu'en tire le gouvernement. 4°. Une navigation à ciel ouvert, sans aucuns dangers ni inconvéniens. A la vérité, elle seroit plus longue d'un sixième que celle procurée par les canaux de MM. de Vic et Laurent ; mais elle exigeroit moins de temps et moins de frais de navigation ; ce dont on peut se convaincre, en appliquant à ce canal les données rapportées au (n°. XLVI). 5°. Le canal proposé par M. de Brie, beaucoup moins cher de première construction, exigeroit infiniment moins d'entretien, objet de la plus haute importance. 6°. Les obstacles naturels qui souvent résistent à tous les efforts de l'art, n'offrent ici aucune difficulté extraordinaire, tandis que les longs canaux souterrains ne peuvent se soustraire aux courans d'air provenans de leurs entrées et de leurs puits, ni au froid qui en résulte, ce qui est constaté par la stagnation du thermomètre.

XXI. Ces avantages donnent une supériorité bien décidée au projet de M. de Brie sur ceux de MM. de Vic et Laurent. Mais quoique nous ne puissions juger ce projet que sur un simple aperçu, nous croyons y entrevoir quelques difficultés. Nous ne connoissons, dans le pays où se trouve son bassin de partage, ni sources, ni ruisseaux, ni étangs à portée, qu'on puisse y jeter pour l'alimenter, à moins qu'on n'aie recours à la Sambre, supposé, contre toute apparence, qu'elle ait assez de supériorité pour y être conduite par une rigole. Cependant il faut, dans les temps les plus secs de l'année, se procurer 100 toises cubes d'eau pour chaque sassée, c'est-à-dire, 200 toises cubes d'eau pour le passage de chaque bateau qui entre et sort du point de partage pour suivre sa route ; et en fixant à cinq par jour le nombre des bateaux, ce qui est une navigation assez foible, quoique suffisante, il faudra 1000 toises cubes d'eau par 24 heures, non compris celles nécessaires pour remplacer l'évaporation, lorsque le sol n'y supplée pas, comme ici, où il est fort sec. Suivant les expériences et calculs du docteur Hallay, elle monte à un pouce en dix jours d'été, ce qui fera, pour un bassin de 11,000 toises de long sur 10 de large à la surface de l'eau, 137 toises 3 pieds par jour ; ainsi il faudra donc 1138 toises cubes d'eau tout les 24 heures, pour alimenter le bassin de partage, en supposant une navigation de cinq bateaux par jour. Or nous ignorons d'où M. de Brie pourra se procurer cette quantité d'eau, d'autant qu'on ne peut compter sur le canal usinier de Bohain, qui est toujours sec en été.

Le peu de profondeur de l'excavation du bassin de partage, qui n'est que de 12 pieds, et les 20 sas qui doivent être alimentés par ce point de partage, avant de joindre le Noirieux et la Seille, nous portent à croire que ce bassin de partage sera fort élevé au-dessus du niveau de ces rivières ; ce qui nous force à suspendre notre jugement sur la possibilité de procurer les eaux nécessaires, jusqu'à ce que nous connoissions les moyens et les ressources de M. de Brie. Pour manœuvrer 20 sas avec l'eau du bassin de partage, il faut estimer que la consommation d'eau produite par les pertes et infiltrations des 20 sas, équivaudra au moins au dixième de la totalité, c'est-à-dire, que chaque sas perdra par sa ventelle et ses portes environ cinq toises cubes d'eau en 24 heures, manœuvre comprise, ce qui donnera encore un déficit d'eau de 114 toises par jour, qui, jointes aux 1138 toises cubes ci-dessus, porteront à 1252 toises cubes la consommation de l'eau par 24 heures, en supposant que cinq bateaux aient traversé le point de partage, ainsi que les 20 sas. Nous croyons que M. de Brie fourniroit difficilement ce volume d'eau à son canal, à moins qu'il n'en établisse le fond de cinq pieds plus bas que le point où le Noirieux et la Seille,

séparément

séparément ou ensemble, lui donnent 3 pieds 1 pouce 8 lignes cubes d'eau par seconde. Sans cette quantité d'eau, il faudroit se résoudre à interrompre la navigation pendant la partie de l'année où le bassin de partage n'auroit pas la quantité d'eau suffisante, ce qui est un très-grand vice, qui, à la vérité, existe dans quelques navigations, telles que le canal de Languedoc, mais qui n'est admissible que dans l'impossibilité absolue de faire autrement, et ce n'est pas ici le cas.

XXII. Le terrain est assez uni entre le Noirieux et les sources de la Seille ; mais il a une trop grande élévation sur ces rivières, qui coulent en sens contraires dans des vallons profonds et étroits, pour qu'une excavation de 12 pieds de profondeur réduite, établisse le sol du bassin de partage assez bas pour être alimenté par ces ruisseaux ; et ceux-ci ne fourniroient 3 pieds 1 pouce 8 lignes cubes d'eau par seconde qu'à une certaine distance de leurs sources ; observation qui nous porte à croire que M. de Brie a d'autres ressources, d'autant qu'il faut que ce bassin de partage, selon M. de Condorcet, alimente la navigation de 20 sas, pour descendre dans les vallons de ces deux rivières : si l'une d'elles devoit fournir à ce bassin, il paroît qu'il faudroit le creuser de 30 à 40 pieds de plus, en supposant que ce fut la Seille, et au moins de 80, en tirant les eaux du Noirieux, ce qui rendroit ces excavations extrêmement frayeuses.

Mais le plus grand des inconvéniens du projet de M. de Brie, est de ne pas réunir la navigation de la Sambre avec celles de l'Oise et de l'Escaut. La Sambre est navigable, depuis 1746, de Landrecy jusqu'à son embouchure dans la Meuse, à Namur ; étant réunie à celles de l'Escaut et de l'Oise, elle ouvriroit un débouché, par eau, avec la Hollande, le pays de Liége, le Limbourg, et les Ardennes, tant pour le nord de la France que pour Paris, et les Provinces qui sont arrosées par la Seine et la Loire. Cette jonction est un objet de la plus haute importance pour le gouvernement et le commerce, comme on le verra plus bas.

XXIII. La guerre que nous avions, en 1780, avec l'Angleterre, ayant interrompu notre commerce maritime avec la Hollande, nous fûmes contraints de faire venir nos mâtures de ce pays, par l'intérieur des terres. Elles arrivoient par eau jusqu'à Valenciennes et Cambrai, d'où elles rejoignoient Saint-Quentin par la chaussée ; là, on les reformoit

Projet d'une rigole éclusée pour le flottage des mâts en 1780, par M. de Lafitte Clavé.

en trains pour les remettre flotter sur la Somme , et regagner la Loire par le canal Crozat, l'Oise, la Seine et le canal d'Orléans. Cette opération frayeuse avoit l'inconvénient de nuire aux bois, tant par le chargement et le déchargement des mâts sur les haquets de transport, que par les secousses qu'ils essuyoient en cheminant sur le pavé, ce qui les courboit, et quelquefois les cassoit. M. de Lafitte Clavé, pour diminuer les frais de transport et les accidens dont nous venons de parler, imagina de construire un fossé ou rigole navigable, au moyen duquel on feroit flotter les mâts de l'Escaut jusqu'à l'Oise, en se servant des ruisseaux de l'Écaillon, du Neuvivier, de la Sambre et du Noirieux, qui tombe dans l'Oise. Il éclusoit ces ruisseaux, et les rigoles de jonction, pour les rendre navigables aux trains des mâts. Dans une tournée que nous fîmes ensemble en 1779, nous avons reconnu, ce que M. de Voisin avoit dit dans un mémoire sur le Hainaut, dont il étoit intendant en 1697, qu'il étoit possible de joindre la Sambre à l'Oise, et que M. de Mégrigny, lieutenant général des armées et ingénieur, en avoit fait le projet et le nivellement, *dont le maréchal de Vauban avoit vérifié les opérations.* Ces données d'une part, et la grande quantité de sources et de ruisseaux dont la forêt de Mormal, d'ailleurs très-marécageuse, est pleine, furent les élémens de ce projet de flottage fourni par cet officier au gouvernement en 1780.

XXIV. Le ministre chargea, en 1781, M. de Lafitte Clavé de lui rédiger un projet de jonction de l'Oise à l'Escaut, et d'y attacher la navigation de la Sambre. Nous fîmes cette année les levées du terrain, et les nivellemens de la partie depuis Landrecy jusqu'à la Fère. M. de Lafitte traça son canal depuis l'écluse d'inondation de Landrecy, en remontant le vallon de la Sambre, le long de sa rive gauche, par Ors, Catillon, la Laurette et Femy, jusqu'au vivier d'Oisy, en Picardie, sur une longueur de 6404 toises. Il y a 18 pieds de pente du vivier d'Oisy à Landrecy, qu'il a racheté au moyen de deux sas.

Au vivier d'Oisy commence le bassin de partage de cette première partie, parcourant sur une seule tenue une longueur de 4162 toises. Il se termine aux escarpemens de Landrena.

On descendoit ces escarpemens par huit sas accolés, pour gagner le vallon étroit et escarpé du Noirieux, par lequel on arrivoit à Vadancourt, où le Noirieux se jette dans l'Oise. Là, le canal, au moyen d'une écluse carrée, étoit dirigé au milieu du vallon, entre les deux bras de cette rivière ; et, par ce moyen, on en conservoit tous les moulins. Enfin, à Travecy, par une seconde écluse carrée, on se reportoit sur la gauche du bras gauche de l'Oise, pour arriver directement à l'embranchement du canal Crozat, qui aboutit au faubourg de Saint Firmin de la Fère. Depuis le bassin de partage près Landrena jusqu'à la Fère, le canal seroit de 22,991 toises de longueur, avec une pente de 277 pieds 10 pouces 6 lignes, rachetée par huit sas accolés, un sas double, et dix-neuf sas simples.

La totalité du canal de Landrecy jusqu'à la Fère auroit donc trente et un sas, sur 33,557 toises courantes de longueur développée.

XXV. On a continué le projet de jonction de la Sambre à l'Escaut en 1782, de la même manière qu'on avoit fait depuis Landrecy jusqu'à la Fère, l'année précédente. De Landrecy à Thiant, où l'Escaut est navigable (n°. I), et par lequel on peut remonter à Bouchain et Cambrai, et descendre jusqu'à la mer par Valenciennes, Tournai, Courtrai, Gand et Anvers, M. de Lafitte a tracé son canal le long de la rive gauche de la Sambre, où il se soutient de niveau jusqu'au bassin rond, placé au-dessus du sas de Hachette, d'où il remonte le long du ruisseau du petit vivier jusqu'au bassin de partage ; il établit celui-ci à 3593 toises de l'écluse de Landrecy, et il a 32 pieds de supériorité sur cette écluse ; cette pente est rachetée par un sas double et deux simples.

Le bassin de partage est placé au milieu de la forêt de Mormal, dans la partie la plus élevée du terrain qui sépare la Sambre de l'Escaut. Il a 3141 toises de longueur développée, d'une seule tenue.

L'on descend du bassin de partage sur l'Escaut à Thyant, en suivant le vallon de l'Ecaillon, sur 11,904 toises de longueur. Le canal a dans cette partie 358 pieds de pente, que l'on descend au moyen de deux sas quadruples, sept sas doubles et quatorze sas simples.

Ainsi la navigation de Landrecy à l'Escaut au-dessous de Thyant, est de 18,638 toises de longueur développée, et se fait, selon ce projet, au moyen de quarante sas.

XXVI. D'après les avant-toisés et les nivellemens faits pour le projet de M. de Lafitte, depuis la Fère jusqu'à Thyant, la dépense totale se montoit à 6,595,000 livres, que cet officier portoit à sept millions. Dans ces estimations sont comprises les acquisitions de terrain, les indemnités, et la construction de trois écluses carrées, de deux bassins ronds, de tous les ponts, aqueducs, contre-fossés, etc.

Cette dépense est infiniment moindre que celle de tous les projets ci-dessus. Nous pouvons fournir les pièces à l'appui de ce que nous avançons, ayant les mémoires de l'auteur et tous les plans, nivellemens et autres détails relatifs à son travail.

XXVII. Les obstacles ordinaires dans un projet de navigation à ciel ouvert, consistent dans les moyens de se procurer les eaux nécessaires pour alimenter les bassins de partage, et dans les dépenses où les excavations que ces points de partage pourroient entraîner, s'ils exigeoient une trop grande profondeur. Nous allons rendre compte du projet de M. de Lafitte, sous ces deux rapports, pour voir: 1°. si les ruisseaux dont il prend les eaux au point de partage suffisent pour la navigation; 2°. quelles sont les excavations nécessaires à l'exécution de ces bassins de partage. Nous observerons seulement que ce projet a déjà subi cet examen en présence du contrôleur général, et de M. de la Milliaire, par MM. Perronet et de Chezy, deux inspecteurs-généraux du corps des ponts et chaussées, bien connus par leurs talens, qui avoient été nommés commissaires pour le discuter avec l'auteur. Après cette discussion, M. de Chezy ne put s'empêcher de dire à M. de Lafitte, qu'il n'avoit jamais vu de travail en ce genre aussi parfait, et qu'il s'estimeroit heureux, si les projets des canaux de Bourgogne et du Charollois, auxquels on travailloit alors, étoient faits ainsi.

Jauge des eaux du point de partage entre Landrecy et la Fère, dans le vivier d'Oisy, en Picardie.

XXVIII. Le 3 septembre 1781, saison où les sources et les rivières sont ordinairement les moins abondantes, surtout lorsque les étés sont aussi secs que celui de l'année 1781, M. de Lafitte s'est transporté à Boué, avec les quatre officiers du génie, chargés, sous ses ordres, des travaux nécessaires pour la confection du projet, pour jauger les eaux de la vraie Sambre ou rivière de Boué. Ils reconnurent d'abord que les eaux qui couloient librement par l'auget ou canal du moulin revêtu en bois, s'infiltroient assez abondamment à travers les digues supérieures de la rivière ; que les vannes de décharge du moulin, larges ensemble de 8 pieds 7 pouces 6 lignes, et hautes de 4 pieds, au moyen d'une hausse, soutenoient 4 pieds 4 pouces 6 lignes de hauteur d'eau sur leur radier. Ils remarquèrent aussi que celui-ci, mal construit, et en mauvais état, ainsi que les vannes, laissoient passer beaucoup d'eau; mais que se réunissant à celle de la rivière au-dessous du coursier du moulin, elle ne seroit point perdue pour le canal, où on la conduiroit par une rigole. M. de Lafitte voulant estimer seulement le plus petit volume d'eau pour être sûr de la réussite de son opération, ne fit point entrer dans ses calculs ces eaux, qui paroissoient se perdre.

XXIX. Cet officier, ne voulant pas s'en rapporter à ses seules lumières, pour une opération aussi délicate que celle de jauger une rivière, destinée à alimenter le bassin de partage d'un canal, consulta MM. de l'Académie des Sciences, et notamment M. Bossut, sur ses procédés; ils furent approuvés. Il établit un pendule à seconde, et fit tailler, avec soin, un morceau de bois de chêne à demi vert, d'une densité à peu près égale à celle de l'eau, où il plongeoit presque en entier : ce morceau de bois avoit un pouce 10 lignes de hauteur sur un pouce 3 lignes d'épaisseur; le canal du moulin entre deux vannes étoit de 16 pieds 2 pouces de longueur, et 2 pieds de largeur réduite. Il n'y avoit aucune charge d'eau à la vanne supérieure, et elle avoit 4 pouces 6 lignes de hauteur. Le petit morceau de bois, abandonné librement au courant de l'eau, après plusieurs épreuves réitérées, s'est trouvé parcourir constamment les 16 pieds 2 pouces de longueur de l'auget en huit secondes. Ainsi, la quantité d'eau fournie par la rivière, non compris les pertes ci-dessus, étoit de 1 pied cube 6 ppp. 5 pp^l. 1 ^{l} cubes d'eau par seconde, ou un peu plus que 15 pouces d'eau, selon la manière ordinaire de jauger les rivières et les sources avec un instrument (1).

XXX. La fausse Sambre, qui passe par Barzy, servant également à

____

(1) En supposant l'eau de ces rivières, que nous n'avons pas pesée, à 70 livres le pied cube 1 pc. 6 ppp. 5 pp^l. 1 ^{l} par seconde, donnera 107 l. 7 ^{ou} 4 g par seconde; et comme un pouce d'eau fournit 27 l. 14 ^{on} 4 g par minute ou 60 secondes, selon les expériences de Mariotte, p. 414, la rivière de Boué fournira 15 pouces d'eau. C'est d'après ces données que nous avons réduit en pouces les autres jauges, M. de la Fitte les ayant fait en pieds cubes, ce qui lui étoit plus avantageux pour ses calculs.

alimenter le bassin de partage, où on la conduit par une rigole, nous l'avons jaugée aussi deux jours après et de la même manière. Avant d'y procéder, nous avons remarqué que le bassin du moulin de Barzy est un étang de 100 toises de longueur, sur 80 de largeur; et qu'au-dessous de ce moulin, la fausse Sambre recevoit plusieurs grosses sources qui augmentoient le volume de ses eaux, et que nous ne comprenions pas dans notre jauge, qui par là se trouvoit plus foible que la réalité. L'auget du moulin de Barzy, revêtu en madriers, est de 18 pieds: il a 9 pouces 10 lignes 6 ' de largeur moyenne; et l'eau étoit sur son radier de 2 pouces 6 lignes 6 '. Le cube de bois parcouroit l'auget en trois secondes, et la rivière fournissoit 0 pied cube 11 ppp. 1 ppl 10 ! 4 '' par seconde; ce qui, selon la mesure ordinaire, fait un peu moins de 12 pouces, mais plus de 11 pouces $\frac{5}{4}$. Nous observerons que l'eau n'ayant pas baissé dans l'auget, après plusieurs heures d'écoulement, on doit regarder cette quantité d'eau comme celle de la fausse Sambre au moulin de Barzy, le 5 septembre 1781.

XXXI. Outre les sources abondantes qui tombent dans la fausse Sambre au-dessous de Barzy, nous en avons trouvé d'autres également abondantes, telles que la fontaine Hullin, près d'Oizy. En outre, les eaux du vivier sont par tout à 2 pieds au-dessous de la surface du terrain ; ces deux causes doivent également concourir à l'entretien des eaux du bassin de partage, quoiqu'elles ne soient pas entrées dans nos jauges, ni dans nos estimations, non plus que les eaux des infiltrations à travers les digues des deux Sambres, au-dessus des moulins de Boué et de Barzy. Ainsi on ne pourra pas nous accuser d'avoir voulu forcer nos estimations pour les eaux que nous destinons à alimenter ce bassin, qui fournissent ensemble plus de 1000 toises cubes d'eau par 24 heures; quantité qui suffira à la dépense de dix sassées par jour.

L'évaporation, à raison d'un pouce pour dix jours d'été fort chaud, sera de 52 toises cubes par jour; quantité qui sera largement fournie par les eaux de fond, celles des fontaines, et des infiltrations non portées à la jauge.

Cette jauge a été répétée en 1795, par M. Catoire, officier du génie, d'après les ordres du gouvernement; elle s'est trouvée produire un résultat plus fort et plus avantageux au canal que celle faite par M. de Lafitte en notre présence, et rapportée dans ses mémoires ; et, par conséquent, elle est confirmative de ses conclusions. C'est sans doute par erreur, et faute d'une vérification exacte, que notre ancien camarade, M. de Récicourt, et quelques membres du corps des ponts et chaussées, ont articulé hautement, l'un que la jauge de M. de Lafitte étoit trop forte de moitié, et les autres, seulement d'un quart ; et que les deux Sambres, les fontaines, et les eaux de fond du vivier d'Oisy, étoient insuffisantes pour alimenter le point de partage, quoique les deux Sambres fournissent l'une 15 pouces d'eau, et l'autre plus de 11 pouces $\frac{3}{4}$.

Ce fait est assez important, à cause de l'utilité du canal, dont nous rendrons compte, pour que le gouvernement charge quelques géomètres de l'Institut national de répéter les opérations de M. de Lafitte, contradictoirement avec M. de l'Espinasse, membre du corps législatif, qui a fait ces jauges avec M. de Lafitte, Messieurs les commissaires du corps des ponts et chaussées, et le colonel Récicourt. C'est le vrai moyen de s'éclairer imperturbablement sur un objet, qui ne peut qu'influer d'une manière très-importante sur le commerce intérieur de la France en général, et sur celui de Paris en particulier, en ouvrant une navigation directe avec la Hollande, le pays de Liége, et des contrées riches, fertiles, bien boisées, et pleines de mines de charbon de terre, d'une exploitation facile et très-peu frayeuse.

XXXII. Le bassin de partage de la forêt de Mormal a 3141 toises de longueur développée, et doit être alimenté par les fontaines et ruisseaux dont cette forêt est pleine, et qui fournissent beaucoup d'eau. M. de Lafitte s'est borné à porter dans ses estimations, celles des ruisseaux du Petit Vivier, du Loquignol, des Oiselets et de la Rouillée Grand'Mère, avec leurs affluens. Il a remarqué qu'en barrant ces ruisseaux marécageux avec des batardeaux en terre, les eaux transpiroient de fond en grande quantité, et que néanmoins la fontaine Madame donnoit 4 pieds cubes par minutes ; celle du Héron, 3 pieds ; celle du Bultière, 2 pieds ; celles Clément, Goutine et Tabor, environ pied et demi chacune, etc. ; mais le peu de justesse de ces jauges, provenant des transpirations de fond, a engagé M. de Lafitte à les renouveler vers la fin de septembre 1782, et à les faire à l'entrée de ces fontaines, dans l'étang d'Écaillon, où aboutissent celles des Oiselets,

Jauge des eaux du bassin de partage de la forêt de Mormal entre la Sambre et l'Escaut pour le projet de M. de Lafitte.

de Loquignol et de la Rouillée, ainsi qu'à la pâture du Petit Vivier, où se joignent les principales branches du ruisseau du Petit Vivier. Le résultat, malgré les transpirations de fond par dessous les batardeaux, et à travers les rives très-meubles et marécageuses, a été de 1 pc. 0 ppp. 5 ppl. 4' par seconde pour l'étang d'Écaillon, et 0 pc. 11 ppp. 8 ppl. 2' pour le ruisseau du Petit Vivier, où ces transpirations étoient beaucoup plus fortes; où bien, selon l'expression commune, la jauge près de l'étang d'Écaillon étoit de près de 12 pouces $\frac{2}{3}$, et au Petit Vivier de 12 pouces : ce qui produit environ 800 toises cubes d'eau en 24 heures, dans les temps les plus secs de l'été; quantité suffisante pour huit sassées par jour.

XXXIII. La forêt de Mormal, dont le sol est très-marécageux, fourmille de sources, de fontaines et de ruisseaux, qui coulent sur une couche de terre pleine de cornues et de cailloux; ainsi les eaux chercheront naturellement à s'infiltrer sur un assez grand espace, dans le bassin de partage, dont le lit sera de beaucoup inférieur à ces eaux, comme nous en avons eu l'exemple au lieu dit les Fontinettes, au canal d'Artois, dont le sol est également plein de cailloux; ce qui doit faire croire que l'eau sera bien plus abondante dans ce bassin que ne l'indique le résultat des jauges. S'il en étoit autrement, il seroit très-facile d'augmenter le volume d'eau produit par ces ruisseaux jaugés, en soutenant les autres en grand nombre, qui sont voisins de ceux-ci ou dudit bassin, pour en former des étangs ou viviers, qui existoient autrefois, et dont on retrouve les vestiges, et de joindre ces eaux au bassin de partage, par des rigoles. On se procureroit ainsi 200 toises cubes, et même plus si on en avoit besoin, pour que la navigation puisse être de dix sassées par jour, évaporation comprise. Celle-ci sera pour les 3141 toises du bassin, de 39 toises cubes par 24 heures d'été sec.

XXXIV. On peut donc, avec les quatre ruisseaux des Oiselets, de la Rouillée, du Loquignol et du Petit Vivier, entretenir le bassin de partage de la forêt de Mormal entre la Sambre et l'Escaut, de manière à y avoir une navigation de 8 sassées au moins, que l'on portera facilement à 10, par la réunion des autres sources et ruisseaux voisins, si les infiltrations ne suffisent pas, et surtout en soutenant 8 et même 10 pieds d'eau, au lieu de 6 dans ce bassin, ce qui n'augmenteroit la

dépense

dépense de la construction que d'un exhaussement de 2 ou 4 pieds aux
sas des extrémités de ce bassin ; on se procurera ainsi le passage de
10 bateaux par 24 heures, en réglant un jour pour aller de la Sambre
à l'Escaut, et le lendemain pour aller de l'Escaut à la Sambre.

Nous répéterons ici, que les operations de M. de Lafitte, pour la jauge
des eaux de la forêt de Mormal, importent assez au gouvernement
pour qu'il les fasse recommencer par quelques géomètres de l'Institut
national, en présence de MM. de Lespinasse et de Récicourt, et de MM.
les commissaires des ponts et chaussées, pour s'assurer que c'est par
erreur qu'on a avancé que ces jauges étoient forcées ; assertion d'autant
plus légère, que la nature du sol de cette forêt, le nombre de sources,
de fontaines, de ruisseaux qui s'y trouvent, et qui sont supérieurs au
niveau du bassin de partage, et dont les sources sont attachées au
nivellement fait en 1782 par M. de Lespinasse, ne laissent aucun doute
sur la facilité de se procurer, au besoin, le double de la quantité d'eau
que les quatre ruisseaux jaugés peuvent donner.

XXXV. Un des plus grands obstacles à vaincre, dans les projets des
canaux à ciel ouvert, est l'excavation du bassin de partage, et par conséquent il faut la plus grande attention dans le choix de l'emplacement
de ce bassin, duquel dépend souvent le succès du projet, et toujours
le plus ou le moins de dépense dans son exécution, par la profondeur
des déblais qu'il exige. Ces déblais sont d'autant plus considérables,
que l'arête qui sépare les rivières que l'on veut joindre, est plus ou
moins élevée. Quelquefois ces excavations deviennent si considérables,
que l'on est obligé de renoncer au projet, malgré son utilité ; car d'y
suppléer par des souterrains un peu longs, c'est faire de la dépense
en pure perte, par l'impossibilité presque absolue d'établir une navigation par ces pertuis. Nous allons voir si l'on peut faire quelques
reproches fondés aux deux points de partage du projet de M. de Lafitte Clavé.

XXXVI. Celui du vivier d'Oisy en Picardie, est placé dans une
prairie humide, où étoit l'ancien lit de la Sambre, que l'on retrouve
encore, et n'offre aucune difficulté. Il est aisé d'y réunir la vraie et la
fausse Sambre par des rigoles, pour alimenter ce bassin. Elles se joi-
gnoient à Femy autrefois, avant que Louis II, prince de Condé, fit
détourner la vraie Sambre, pour la jeter sur Etreux-Landréna, où

D

elle se réunit aujourd'hui au Noirieux, dans l'intention d'établir un flottage pour les bois de la forêt de Nouvion, qui lui appartenoient, et d'en conduire les bois par l'Oise, jusqu'à Paris.

Les nivellemens ne donnent, pour la plus grande excavation de ce bassin de partage, que 20 pieds sur 266 toises de longueur. La profondeur réduite des déblais sera de 5 p. 4 p. 6 l. sur 4162 toises, longueur totale de ce bassin ; ce qui est la plus petite excavation possible, puisque ce bassin doit contenir 6 pieds de hauteur d'eau ; c'est-à-dire, que l'eau y sera de 7 pouces 6 lignes réduite au-dessus du niveau moyen du sol. On ne peut donc faire aucune objection contre ce bassin ; et loin d'avoir trop à creuser, nous croyons qu'il seroit utile de l'enterrer d'un pied de plus, surtout si l'on craignoit les infiltrations de fond sous les corrois des digues.

Excavation du point de partage entre la Sambre et l'Escaut, dans la forêt de Mormal.

XXXVII. Il y a dans la forêt de Mormal une élévation ou espèce d'arête, dont la pente est fort douce, de laquelle partent les différentes sources qui arrosent cette vaste forêt, d'où elles coulent sur l'Escaut, d'un côté, et vers la Sambre de l'autre. Cette hauteur sépare les eaux des affluens des deux rivières, et il faut absolument la traverser par le bassin de partage, pour pouvoir communiquer de l'une à l'autre. Les excavations seront donc ici plus fortes qu'au bassin du vivier d'Oisy.

Les nivellemens indiquent que le point le moins élevé du sommet de cette arête, et par où M. de Lafitte a dirigé son bassin de partage, est supérieur aux radiers des sas des Oiselets et du Neuvivier, qui terminent ce bassin, de 69 pieds, sur une longueur de 16 toises seulement, et que la profondeur moyenne des déblais seroit de 21 p. 8 p. 11 l. sur 3141 toises de longueur développée (*). Il en résulteroit un mouvement de terre de 68,292 toises cubes, à cause de la largeur nécessaire aux déblais par le haut, dans les parties où les excavations sont profondes.

Cette quantité de terre à remuer est véritablement fort considérable, et ne pourroit être moindre qu'en revêtissant les talus des endroits les plus profonds en gazons ou en fascinages, ce qui seroit plus cher et moins solide que les talus à terre coulante ; ou bien il faudroit ne pas creuser le sol du bassin aussi bas, et alors il ne recevroit plus la quantité d'eau nécessaire pour la navigation, sur le pied de dix sassées par jour d'été.

______

(*) Voyez la note page 29.

XXXVIII. L'on s'est récrié contre la dépense qu'exigeroit cette partie du projet de M. de Lafitte, avec bien plus de partialité que de raison.

1°. Selon les détails du devis, et les calculs de cet officier, les terres coûteront 4 liv. 10 s. la toise cube, roulage compris, pour toutes les excavations de 15 pieds de profondeur et au-dessus; et seulement 2 liv. 10 s. pour celles au-dessous de 15 pieds. Ce qui donne pour les 68,292 toises cubes de déblai du point de partage, une dépense de 690,600 liv., ou de 200 liv. 14 s. par toise courante réduite de canal. Cette somme ne rend point la dépense totale du canal, ni le projet ridicule, puisque les frais de sa construction de Landrecy à l'Escaut ne montent qu'à 3,136,191 liv., y compris les mouvemens de terre du bassin de partage, ceux du reste du canal, des contre-fossés, rigoles, déplacemens des lits de rivières, sas, écluses, aqueducs, ponts, logemens d'éclusiers, etc., et les achats du terrain, indemnités et autres faux frais.

La dépense totale du projet depuis la Fère jusqu'à Thyant, ou de l'Oise jusqu'à l'Escaut, sera seulement de 6,594,500 liv. pour un canal de 52,195 toises, ou de 26 lieues de développement, sur lequel il y aura 71 sas simples ou accolés; trois écluses carrées; 7 écluses simples; deux bassins ronds ou à pans, et leurs écluses; 19 aqueducs; 40 ponts; un batardeau en maçonnerie; 6 déversoirs; 63 maisons d'éclusiers, et en outre les fortifications de Landrecy où il faudra travailler; savoir :

Mouvemens de terre . . . . 2,432,617 # 5 ʃ 6 ∂
Maçonnerie, bois, fers, fontes, etc., ensemble . . 3,079,914 8
Achats de terrains aux particuliers et indemnités . . . 1,081,897 10

Total . . . . 6,594,429 # 3 ʃ 6 ∂

Voyez les projets de M. de Lafitte Clavé, avec les devis, avant-toisés et nivellemens, fournis au gouvernement les 7 janvier et 19 novembre 1782, avec les cartes des vallées où ce canal est tracé, et tous les plans particuliers de chaque nature d'ouvrage.

XXXIX. 2°. Le canal projeté par M. de Lafitte, en passant au milieu de la forêt de Mormal, rendra son exploitation aussi peu frayeuse qu'il est possible, et extrêmement avantageuse au gouvernement, par

D

les débouchés que cette navigation ouvrira sur la Flandre, où les bois
de construction sont rares ; et sur Paris pour les bois à brûler, et ceux
propres à la bâtisse. De cette ville on pourroit transporter par le canal
de Briare et la Loire ceux propres à la marine, jusques à Nantes et
Brest ou Rochefort. D'une autre part, le bassin de partage de ce
canal devant être établi plus bas que le sol de cette forêt humide et
marécageuse, il en résultera nécessairement que le terrain se dessé-
chera en partie, et que la qualité des bois s'améliorera ; car aujour-
d'hui on les rejette des bâtimens publics et des ateliers de l'artillerie
et du génie, comme étant crus dans l'eau, ce qui les rend sujets à
s'échauffer et à se gercer. Alors ces bois, tant par la facilité des transports que par leur amélioration, acquéreront une plus grande vente,
qui augmentera le revenu du gouvernement au moins de 300 mille
livres par an ; ce qui est aisé à concevoir, puisqu'en fixant la coupe des
taillis à 15 ans, on aura tous les ans près d'une lieue carrée à exploiter,
indépendamment des cinq réserves de 400 arpens chacune, qui sont
en haute futaie. 300 mille livres de revenu forment, au denier 20,
un capital de six millions, qui couvriront presque la totalité des fonds
nécessaires à la construction du canal de l'Oise à l'Escaut ; propriété
que le projet de M. de Lafitte seul peut produire ; car, quoique celui
proposé par M. de Brie (n°. 20), dût augmenter le revenu de cette
forêt, comme il n'en passe qu'à trois lieues, il ne peut pas en améliorer le sol, et le transport des bois de la forêt au lieu de l'embar-
quement, diminueroit le profit, de sorte que l'amélioration de valeur
de la forêt, produite par l'exécution du projet de M. de Brie, seroit
au plus égale au tiers de celle qui résulteroit d'une navigation établie
au milieu de cette forêt.

XL. Quelques personnes ont avancé que l'excavation du bassin de
partage proposé par M. de Lafitte, dans la forêt de Mormal, étoit
telle sur 4000 toises, qu'il vaudroit mieux y substituer un canal souterrain de cette longueur, que de le creuser à ciel ouvert. Cette assertion est si déplacée aux yeux de ceux qui ont quelque habitude du
nivellement et des profils, qu'elle ne mériteroit pas d'être relevée ni
réfutée, si tout le monde avoit ces objets familiers ; mais telle déplacée que soit cette assertion, nous allons mettre le lecteur à même
de l'apprécier.

(29)

XLI. Le bassin de partage proposé par M. de Lafitte dans la forêt de Mormal, est de 3141 toises de longueur développée, et non pas de 4000 toises. Première erreur. Sa profondeur réduite est de 21 p. 8 p. 11 l. Or, comment faire un canal souterrain de 4000 toises sur une longueur de plusieurs directions de 3141 toises, dont la partie la plus élevée (1) est de 69 pieds, et la plus basse de 5 pieds de profondeur. 2e. erreur; car peut-on supposer qu'un homme consulté

---

(1) Pour qu'on ne puisse pas nous taxer d'altérer les profondeurs des déblais du point de partage entre la Sambre et l'Escaut, établi par le projet de M. de Lafitte dans la forêt de Mormal, nous copions ici les nivellemens de ce bassin de partage faits en septembre 1782 par M. de Lespinase. Ce point de partage commence au piquet n°. 37, près le ruisseau du Petit Vivier, où est le sas de ce nom, et finit au piquet n°. 71, au delà du sas des Oiselets, près l'étang d'Ecaillon. Le niveau du bassin de partage a été fixé à 82 pieds pour le fond, et à 76 pieds pour la surface des eaux, en n'y supposant que 6 pieds d'eau, et à 72, si on y en suppose 10, qui y sont faciles à soutenir, comme nous l'avons dit dans le texte.

Piquet n°. 37 près du sas du Petit Vivier, au confluent de ce ruisseau, avec celui dit de David, où commence le bassin de partage . . . . 89p. 4pc. 10l.

	p.	pc.	l.
N°. 38, à 100 toises	85	0	11
N°. 39, à 100 toises	78	10	9
N°. 40, à 100 toises	76	2	7
N°. 41, à 100 toises	69	11	10
N°. 42, à 104 toises	63	7	0
N°. 43, à 100 toises	63	0	1
N°. 44, à 100 toises	58	6	1
N°. 45, à 100 toises	56	10	5
N°. 46, à 72 toises	57	7	1
N°. 47, à 100 toises	55	11	5
N°. 48, à 100 toises	53	2	10
N°. 49, à 110 toises	44	10	6
N°. 50, à 80 toises	44	4	2
N°. 51, à 80 toises	41	0	0
N°. 52, à 100 toises	37	6	10
N°. 53, à 66 toises	34	11	3
N°. 54, à 24 toises	27	3	3
Sur le terrain naturel à 55 toises du N°. 54	13	8	0

	p.	pc.	l.
Sur le terrain naturel à 71 toises du piquet N°. 54	12	4	6
N°. 55, à 110 t. du N°. 54	18	11	5
N°. 56, à 16 toises	30	5	9
N°. 57, à 52 toises	42	2	8
N°. 58, à 100 toises	48	11	11
N°. 59, à 100 toises	54	5	3
N°. 60, à 90 toises	60	2	1
N°. 61, à 100 toises	58	8	2
N°. 62, à 72 toises	66	1	10
N°. 63, à 100 toises	65	11	0
N°. 64, à 100 toises	71	9	1
N°. 65, à 100 toises	73	2	4
N°. 66, à 100 toises	75	8	0
N°. 67, à 100 toises	78	5	2
N°. 68, à 100 toises	80	8	1
N°. 69, à 100 toises	82	6	3
N°. 70, à 100 toises	84	1	1
N°. 71 dans l'étang d'Ecaillon à 100 toises du piquet N°. 70	87	1	10

pour la décision d'un projet à accepter, et dont le rejet peut être nuisible à jamais au commerce et à l'État, soit assez ignorant pour ne pas savoir qu'on ne peut faire un canal souterrain où il n'y a pas 60 pieds de hauteur de terre au-dessus du sol du canal. Cela meneroit à croire que l'auteur de l'assertion que nous réfutons, sait qu'en France un ridicule s'adopte sur parole, et sans retour, et qu'aucune raison ne peut le détruire. Cependant nous allons essayer d'en donner.

Le profil le plus mesquin qui ait jamais été proposé pour un canal souterrain, est, sans contredit, celui de M. de Vic, adopté par M. Laurent, qui ne donne que 16 pieds de largeur à la flottaison, et deux pieds de trottoir de chaque côté. Ce profil, quoiqu'on ne puisse pas l'adopter par l'impossibilité d'y naviguer, à cause du peu de largeur de toutes ses parties, exigeroit une hauteur de plus de 26 pieds depuis le fond du canal jusqu'à l'estrados de la voûte ; ainsi pour pouvoir l'exécuter, il faut creuser une galerie de 27 pieds pour blinder les terres au-dessus de l'estrados de la voûte ; or une pareille galerie est de plus de six pieds plus élevée que notre excavation réduite, et coûteroit donc plus à cause du transport des terres au bouriquet, qui toutes coûteroient au moins 8 liv. la toise cube, et les revêtemens du canal seroient en sus. Si l'on supposoit que le canal seroit construit sur les dimensions proposées par M. de Condorcet, pour que le refoulement de l'eau sur les rives ne ralentit pas la navigation de manière à la rendre nulle, l'estrados de la voûte seroit au moins à 36 pieds au-dessus du fond du canal ; et pour la construire, il faudroit une galerie de 37 pieds d'excavation au-dessus du fond, en surbaissant la voûte, ce qui rend encore la proposition plus absurde.

Si par amour pour les souterrains, on s'obstinoit à en vouloir faire un au projet de M. de Lafitte, la profondeur de son bassin de partage au point le plus élevé de l'arête de la forêt de Mormal, est de 69 pieds sur 16 toises de longueur, et seulement de 110 toises pour toute la partie de 60 pieds et au-dessus ; il n'y auroit donc que ces 110 toises qui pussent être susceptibles d'être faites en canal souterrain, et encore y courroit-on le risque de trouver une perte d'eau, comme celle qui a lieu dans le canal de M. Laurent, entre les puits n°. 8 et n°. 9, par le peu de profondeur du canal en cette partie, sous la surface du terrain.

Or ces 110 toises de canal souterrain comparées, pour la dépense, avec les déblais de l'excavation à ciel ouvert, coûteroient bien plus, puisque 110 toises de canal souterrain, selon les calculs de M. de Chabaud, coûteroient 94,000 liv., et que les 110 toises de M. de Lafitte n'iroient pas à 43,000 liv.; ce qui prouve combien les souterrains sont plus chers que les canaux à ciel ouvert, lorsque la profondeur de ceux-ci ne passe pas 100 pieds réduits.

Indépendamment du surcroît de dépense qu'un souterrain occasionneroit ici, il procureroit à cette navigation, si facile à ciel ouvert, une grande partie des vices justement reprochés à tous les souterrains, et que nous avons indiqués aux articles qui regardent les projets de MM. de Vic et Laurent; vices qui finiroient par les faire abandonner par le gouvernement, lors même qu'ils seroient achevés.

Ainsi le bien de l'Etat, l'utilité du commerce, l'économie dans la construction, la certitude d'une parfaite réussite, tout concourt à prouver que ceux qui, par ironie, et pour ridiculiser le projet de M. de Lafitte, ont osé avancer qu'il faudroit voûter la totalité, ou seulement partie du bassin de partage proposé par cet officier, au milieu de la forêt de Mormal, se sont pris eux-mêmes à leur malice, et n'ont trompé personne.

XLII. Nous avons suffisamment établi les moyens d'exécution proposés par M. de Lafitte; nous renvoyons ceux qui désireroient connoître les détails, à ses mémoires déposés au dépôt des fortifications. Nous avons prouvé que les jauges faites en notre présence, et devant M. de Lespinasse, membre du corps législatif, répétées depuis par M. Catoire, sont la preuve qu'il y a assez d'eau pour alimenter, pendant les étés les plus secs, ses bassins de partage, de manière à suffire à une navigation de dix sassées par jour, pour des bateaux de Condé à pleine charge, tirant 5 pieds d'eau, et portant 400 milliers. Nous avons vu de même, que l'excavation du bassin entre la Sambre et l'Oise, n'a pas 6 pieds de profondeur réduite; et que nonobstant les déblais considérables de celui entre la Sambre et l'Escaut, dans la forêt de Mormal (1), qui sera de 21 pieds 8 pouces

Résumé du projet de M. de Lafitte.

____

(1) Voici le tableau des profondeurs moyennes des excavations, tiré du mé-

11 lignes de profondeur moyenne, il ne seroit pas d'une dépense excessive, surtout comparé à l'avantage qui en résulteroit, par le produit annuel de 300,000 liv. que cette forêt procureroit à l'État, et qui lui seroit représentatif d'un capital de 6 millions.

Le projet de M. de Brie, que nous croyons devoir être plus cher que celui de M. de Lafitte, à cause de la plus grande élévation de son bassin de partage sur le Noirieux, et sur l'Escaut, mais dont nous ne pouvons apprécier la dépense faute d'en avoir les détails, rempliroit moins utilement pour le gouvernement et pour le commerce, l'objet proposé, puisqu'il ne procureroit qu'une amélioration imparfaite à l'exploitation de la forêt de Mormal, n'en assécheroit pas le sol, et surtout n'ouvriroit pas la communication de la Sambre et de la Meuse avec Paris, et l'intérieur de la France.

Ceux qui mettent en parallèle les avantages et les propriétés d'une navigation en plein air, avec ceux des canaux souterrains en général, et particulièrement du canal projeté par M. de Lafitte, avec ceux de MM. de Vic et Laurent, et donnent la préférence à ces derniers, tirent donc une conclusion étrange qui ne sauroit être d'accord avec les faits que nous rétablissons.

Il ne nous reste plus qu'à indiquer sommairement, les avantages particuliers au projet de M. de Lafitte, sur ceux dont nous avons rendu compte.

---

moire de M. de Lafitte, pour le bassin de partage dans la forêt de Mormal.

Longueur.	Profondeur.	Longueur.	Profondeur.
16 toises	69 pieds.	100 toises.	30 pieds.
39	66	100	28
55	61	190	25
16	57	172	24
24	51	100	23
118	46	100	21
100	43	172	19
80	39	820	9 6 p^{ces}
180	37	649	9 2
110	33		

Ce qui, en réduisant les 3141 toises de longueur, donne pour profondeur moyenne 21 pieds 8 pouces 10 lignes $\frac{2740}{3141}$ ou 21 pieds 8 pouces 11 lignes, comme nous l'avons dit.

XLIII.

XLIII. Lorsque cet officier, l'un des meilleurs ingénieurs que l'Europe ait eu, depuis le célèbre maréchal de Vauban, fit le projet de jonction de l'Oise avec la Sambre et l'Escaut, la proximité de la frontière l'avoit engagé à y réunir les propriétés militaires d'une ligne retranchée, avec celles du commerce. Aujourd'hui, que l'éloignement de nos frontières rend cette propriété inutile, il ne faut plus considérer cette jonction que comme une navigation intérieure, et sous les seuls rapports civils : cela rendra même l'exécution de ce canal plus facile, en faisant disparoître la nécessité d'établir le chemin de tirage d'un seul côté. Il est maintenant indifférent que son tracé soit plus ou moins rapproché des hauteurs, et que l'on choisisse telle digue que l'on voudra pour haler les bateaux, et l'on choisira la plus commode.

XLIV. Les avantages généraux du projet de M. de Lafitte, relativement au commerce, sur ceux de MM. de Vic et Laurent, sont : 1°. ceux d'une navigation facile en plein air, sur celle presque impossible et toujours imparfaite à travers des souterrains, même de 25 à 30 pieds de largeur à la flottaison; et absolument impraticable, lorsque le profil des souterrains est comme celui adopté par MM. de Vic et Laurent, à cause de la résistance de l'eau, qui, étant refoulée sur les rives, exigeroit 16 heures pour le passage des bateaux dans le canal de 7020 toises de M. Laurent; et surtout à cause du froid que les hommes éprouveroient dans ces souterrains, par l'effet de leur profondeur, et des courans d'air, ce qui les rendroit inhabitables pendant l'été. 2°. Le projet de M. de Lafitte joint la navigation de l'Oise à celle de l'Escaut, comme le feroient les canaux de Vic et Laurent, par le canal Crozat; avec cette différence, qu'il y réunit la navigation de la Sambre et de la Meuse : celle-ci est infiniment plus utile que la jonction directe de Saint-Quentin à Cambrai; et que ce projet est fait pour que les bateaux de Condé, tirant 5 pieds d'eau, puissent y naviguer avec leur pleine charge de 400 milliers, au lieu que MM. de Vic et Laurent n'ont fait leurs projets que pour des bateaux tirant 4 pieds d'eau, et portant 300 milliers. 3°. En supposant les deux jonctions exécutées par les projets de Lafitte et Laurent, la navigation depuis le sas de Farguiers, où le canal Crozat se divise en deux branches, l'une allant à Chaulny et l'autre à la Fère, seroit depuis ce sas jusqu'à Bouchain, par Saint-Quentin et Cambrai, en traversant le souterrain Laurent, de 48,800 toises;

E

et de ce même Fargniers à Valenciennes, par la même route, de 57,800 toises. De Fargniers à la Fère, il y a 2000 toises; ainsi de ce même Fargniers à Bouchain, par le canal Lafitte, il y auroit 60,609 toises; et de Fargniers à Valenciennes, par ce même canal, il y auroit 57,717 toises. Il y auroit donc 12,000 toises de chemin de plus de Fargniers à Bouchain par le canal Lafitte que par le souterrain Laurent, et à peu près la même distance de Fargniers à Valenciennes par ces deux canaux. Il semble résulter, dans le premier cas, un désavantage considérable au canal de Lafitte sur celui de Laurent; mais en examinant les données, on va voir, que malgré cette grande inégalité de longueur de chemin, de Fargniers à Bouchain, la navigation par le canal Lafitte, quoique plus longue de 12,000 toises, sera moins frayeuse, et se fera en moins de temps. Ceci ressemble à un paradoxe, mais l'examen va le faire évanouir.

XLV. Le canal de Lafitte ayant 6 pieds d'eau, est fait pour les bateaux portant 400 milliers; celui projeté par M. Laurent, ainsi que la navigation qu'il a exécutée sur l'Escaut, n'ayant que 5 pieds d'eau, ne permettent que le port de 300 milliers; donc le rapport du transport sera :: 4 : 3, parce qu'il faut également deux chevaux et un homme pour haler les bateaux dans les deux canaux à ciel découvert; et les bénéfices seront donc sur ces deux canaux :: 4 : 3, puisque les frais seront les mêmes.

Il seroit possible, avec peu de dépense, de relever les sas entre Bouchain et Valenciennes, et d'y soutenir 6 pieds d'eau. Peut-être cela obligeroit-il quelques propriétaires de moulins à relever leurs coursiers et leurs écluses; mais cela seroit toujours un très-petit objet.

XLVI. L'expérience prouve qu'un bateau de Condé à pleine charge tiré par deux chevaux conduits par un homme, fait, dans un canal à ciel ouvert, 2000 toises par heure; que le passage d'un sas à portes busquées se fait en 8 à 10 minutes, que nous porterons à un quart d'heure; que celui d'un sas à portes vannes exige plus d'une demi-heure; et les calculs de M. du Buat, dans son Traité d'hydraulique (n°. 376), prouvent qu'un bateau de 4 pieds de tirant d'eau ayant 14 pieds de largeur, ne pourra traverser le canal Laurent exécuté avec le profil adopté par celui-ci, en moins de 16 heures, avec trente-trois hommes au tirage. (*Voyez* la comparaison du canal de Picardie, etc., par M. de Lafitte, du 24 novembre 1782).

D'après ces données, nous aurons par le canal Laurent, de Fargniers à Bouchain, 41,780 toises de canal à ciel ouvert, 7020 toises
de canal souterrain, huit sas à portes busquées, et vingt-cinq sas à
portes vannes, qui exigeront 59 heures $\frac{1}{2}$ de navigation. Et par la
même voie, de Fargniers à Valenciennes, 50,780 toises de canal à
ciel ouvert, 7020 toises de canal souterrain ; huit sas à portes busquées,
et trente sas à portes vannes, qui demanderont 66 heures $\frac{1}{2}$ de navigation.

Par le canal de Lafitte, de Fargniers à Bouchain, il y a 60,609
toises de canal à ciel ouvert, soixante-onze sas à portes busquées,
et quatre sas à portes vannes, pour lesquels il faudra 50 heures $\frac{1}{4}$ de
trajet. Du même Fargniers à Valenciennes par le canal Lafitte, il y
aura 57,717 toises de canal à ciel ouvert, soixante et onze sas à portes
busquées, deux sas à portes vannes, qui exigeront 47 heures $\frac{3}{4}$ de
navigation. Ainsi le trajet de Fargniers à Bouchain, par le canal de
Lafitte, sera plus court de 9 heures $\frac{1}{4}$, quoiqu'il y ait 12,000 toises
de plus ; et de Fargniers à Valenciences par ledit canal de Lafitte,
il faudra 18 heures $\frac{3}{4}$ de moins que par celui Laurent.

XLVII. Douze heures de travail pour les chevaux, comme pour
les hommes, font une journée, et se payent pour une journée. Le
prix par jour, pour deux chevaux et le conducteur, pour le halage
est de 4 liv., et pour un haleur, de 1 liv.

La navigation du canal Laurent pour un bateau, coûtera donc de
Fargniers à Bouchain 78 liv., et de Fargniers à Valenciennes 80 liv.
Cette même navigation coûtera par le canal Lafitte, de Fargniers à
Bouchain, 17 liv., et de Fargniers à Valenciennes, 16 liv.

Ainsi l'avantage pour le commerce sera pour aller de Fargniers à
Bouchain par le canal Lafitte : au même trajet par celui Laurent
:: $\frac{4}{17}$: $\frac{5}{78}$ :: 2353 : 385.

Et pour aller de Fargniers à Valenciennes par le canal de Lafitte :
au même trajet par le canal Laurent :: $\frac{4}{16}$: $\frac{5}{80}$ :: 2500 : 375.
Preuve évidente de l'avantage du projet de M. de Lafitte sur celui
de M. Laurent, pour la navigation de l'Oise à l'Escaut.

XLVIII. Si nous comparons le canal Laurent à celui de Lafitte
pour leur dépense de construction, on trouve que, selon les calculs de
de M. Chabaud, il reste encore dix millions à dépenser pour rendre le
canal de Saint-Quentin à Cambrai navigable, malgré les douze cent

mille livres qui y ont été déjà employés, tandis que celui de Lafitte ne monte en totalité qu'à sept millions. Il résulteroit donc de l'adoption du projet Lafitte : 1°. une économie de trois millions; et 2°. un bénéfice de 300 mille livres de rentes, provenant de l'amélioration de la forêt de Mormal, équivalent à un capital de six millions au profit de l'Etat; ce qui fait une différence de 9 millions, c'est-à-dire, que le canal souterrain seroit de neuf millions plus frayeux pour le gouvernement que le projet Lafitte, en supposant que ces deux navigations aient d'ailleurs les mêmes avantages, ce que nous sommes bien loin d'accorder.

XLIX. Le ministère a fait faire à M. de Lafitte, dont il connoissoit les talens, différens projets de canaux, tous liés avec la jonction de l'Oise à l'Escaut par le Noirieux et la Sambre. Cet officier rendit compte, en 1781, de la jonction de l'Oise avec la Meuse, par le Thon et la Sormonne, devenue nécessaire, parce qu'à cette époque les autrichiens étoient maîtres de Charleroi, de Namur, et du cours de la Meuse depuis Givet jusqu'à la Hollande. Il établissoit le bassin de partage entre ces deux rivières; il étoit alimenté par elles. Le maréchal de Vauban a proposé autrefois la réunion de la Meuse à la Moselle par un canal passant par le Val-de-l'Asne; on a fait les détails de ce projet en 1772, en 1781 et 1782. M. de Lafitte a encore indiqué la jonction du Rhin à la Moselle par la Meurthe, le Sagnion et la Zorn. Il en a détaillé les moyens d'après les ordres de la Cour, du 22 juillet 1782, dans un mémoire fourni le 18 décembre 1783. On peut prendre connoissance de ces différens travaux et de leurs points de partage, ainsi que de la manière de les alimenter, dans les journaux de ses reconnoissances des années 1782 et 1783, auxquels nous renvoyons les gens de l'art qui voudront s'assurer de ses ressources.

Si ces projets étoient exécutés, ainsi que les canaux projetés par le maréchal de Vauban de Landau à Huningue, parallélement au Rhin, et par M. de Lachiche pour joindre l'Ill au Doubs et rendre cette dernière navigable jusqu'à Lons-le-Saulnier, celui de M. de Chatillon de communiquer la Meuse avec l'Aisne par la Bar, et enfin, ceux de Bourgogne, dont le maréchal de Vauban a fait faire tous les détails par M. Thomassin, qui depuis sont confiés à messieurs des ponts et chaussées pour les construire, nous aurions une navigation intérieure très-bien établie, de la Flandre avec la Méditerranée, passant par le Rhin ; et de toutes les extrémités de la France avec Paris, qui deviendroit la réunion, et comme le nœud commun de toutes les navigations, de la Flandre, de l'Alsace, de l'Océan et de la Méditerranée, et même de l'Espagne, par la facilité de la jonction de l'Adour qui passe à Bayonne, avec la Garonne, selon le mémoire et les nivellemens de M. de Lafitte Clavé, datés du 10 avril 1783.

Le gouvernement est trop éclairé sur ses avantages, pour que je lui indique ici combien l'exécution de tous ces canaux rendroit facile et peu frayeux le transport des bois de construction de nos forêts des Vosges et des Ardennes, des Alpes et des Pyrénées, dans nos ports militaires, les ressources qui en résulteroient pour l'approvisionnement de nos armées, sur telles frontières que nous ayons la guerre, par la possibilité de leur amener l'artillerie, les munitions, les vivres et les bagages par eau des points les plus éloignés de la République, et surtout combien le commerce pourroit s'améliorer, par les moyens peu frayeux de pourvoir les provinces les moins heureuses et les moins fertiles, des marchandises de gros volume et des grains qui leur manqueroient. Si le gouvernement, dans le choix qu'il va faire des canaux à exécuter pour la jonction de l'Oise à l'Escaut, adoptoit ceux de MM. Laurent ou de Vic, il auroit par la suite la volonté de profiter de tous les bienfaits des communications que nous venons d'indiquer, qu'il faudroit qu'il y renonçât, ou qu'il revînt à faire le canal proposé par M. de Lafitte, ce qui seroit un double emploi. Ainsi l'avantage général, et plus particulièrement celui du nord de la France, doivent faire faire de sérieuses réflexions avant d'adopter ceux-ci ; et même lorsque les canaux de Vic et Laurent, au lieu d'être tels que leur exécution soit presque sans utilité par les vices de leurs souterrains, seroient plus faciles à construire que le canal à ciel ouvert de M. de Lafitte ; les autres ressources que l'on peut, avec le temps, tirer de celui de Lafitte, devroient lui faire donner la préférence. Que seroit-ce donc, si l'on ne perdoit pas de vue son mérite intrinsèque, et les défauts insupportables des autres ?

 Li Ces diverses propriétés, quelqu'avantageuses qu'elles soient, seront toujours éventuelles jusqu'à la jonction du Rhin à la Meuse, par la Zorn, la Meurthe et le Val-de-l'Asne ; et par conséquent, elles influeront peu sans doute dans le choix du gouvernement ; d'autant que ces projets enfouis au dépôt des fortifications, et dans les cabinets de fort peu de personnes, ne sont peut-être pas connus de ceux qui sont consultés par le gouvernement; mais il est un fait réel, connu de tout le monde, et qui, à notre avis, paroît devoir décider irrévocablement tous les doutes, si on ne l'élimine pas aux yeux du chef de notre gouvernement, qui ne veut que l'avantage de la patrie : c'est la navigation de la Sambre, qui existe depuis 1746. Ainsi en réunissant l'Oise avec l'Escaut par la Sambre, selon le projet de M. de Lafitte, vous opérez en même temps la jonction de la Meuse avec la Seine, sans avoir d'autre dépense à faire, que de relever les sas de la Sambre, et ses digues, de 2 pieds environ; ce qui peut se faire avec moins de 300 mille livres.

Ainsi la jonction proposée par M. de Lafitte, quoique plus facile, moins chère de beaucoup, et d'un succès certain, procure directement la communication de la Seine et de Paris avec Namur; et par la Meuse, avec la Hollande, le pays de Liége, et les Ardennes, où se trouvent de vastes forêts pleines de bois de construction, tant pour les édifices publics et particuliers, que pour la marine; où les charbons de terre sont presque à la surface du terrain, s'exploitent et se vendent à un prix extrêmement modique, et où les montagnes sont pleines de mines, et plus particulièrement de fers excellens dans certains cantons, et plus aigre dans d'autres. Quelle branche de commerce et quels secours pour les habitans de la France et de Paris, où le chauffage est si cher, une pareille navigation ne procureroit-elle pas, et sans frais pour le gouvernement, qui jouiroit de ses bienfaits, en voyant tout Paris, et presque toutes les provinces, lui rendre grâce de ce que ses soins se portent sans cesse à diminuer nos maux physiques, et à sauver les malheureux des rigueurs des hivers!

Le gouvernement, qui ne perd pas de vue la sureté des citoyens, et la force de l'Etat, trouveroit encore, par cette navigation de l'Oise à la Meuse par la Sambre, les moyens de faire transporter sans frais, et avec facilité, tous les objets nécessaires à sa défense qu'il tireroit des arsenaux de Douai et de la Fère, et tous les autres approvisionnemens de guerre et de bouche qu'il jugeroit à propos de faire passer à Maestricht et à Venloo, pour les places de notre première et de notre seconde ligne, le long du Rhin, et en face de la Hollande; ainsi que pour nos armées, si la guerre se portoit sur ces nouvelles frontières encore ouvertes, avant que le temps et les fonds immenses qu'il faut ramasser nous aient permis d'armer ces frontières de deux rangs de places, qui y sont indispensablement nécessaires. 3°. Le projet de jonction de la Senne avec la Sambre de Bruxelles à Charleroi, dont il paroît qu'on veut s'occuper, qui n'a d'autre objet que de réunir la navigation de la Meuse avec celle de l'Oise par l'Escaut, deviendroit absolument inutile. Ce projet, dont l'exécution n'est pas sans difficulté, par le relief du terrain, sera nécessairement cher, et oblige à de grands détours, puisque de Charleroi, point commun des deux navigations, par le projet de M. de Lafitte, on passeroit par Maubeuge, Landrecy, la Fère et Chaulny; tandis que par l'autre, il faudroit de Charleroi passer par Bruxelles, Wilvorde, Gand, Courtrai, Tournai, Valenciennes, Cambrai, Saint-Quentin et Chaulny, où on rejoindroit l'Oise; ce qui feroit plus du triple de chemin, comme l'inspection de la carte le prouve.

L'économie, la facilité du commerce et tous les motifs possibles doivent donc éclairer le gouvernement, et imposer silence à l'intérêt personnel qui se montre trop à découvert. Mais c'est précisément la facilité d'approvisionner Paris et l'intérieur de la France de fers, de bois de construction et à brûler, et surtout de charbon de terre à bon marché, qui nuit au projet de M. de Lafitte, autant que l'exécution de ce projet seroit utile au gouvernement et au public.

Si le Gouvernement adoptoit la jonction de l'Oise avec l'Escaut, par la Sambre, les marchands de charbon de terre des mines de Mons, de Charleroi, du Condros et du pays de Liége, fourniroient cette denrée à moitié prix de ce qu'elle coûte à Valenciennes et à Condé; parce que les mines de Fresne et d'Anzin sont de 7 à 800 pieds au-dessous du sol, et exigent beaucoup de dépense pour leur exploitation et l'entretien des machines; tandis que vers Charleroi et dans le pays de Liége, les mines ne sont pas de 100 pieds sous terre, et exigent beaucoup moins de frais. Ainsi la communication de ces derniers pays avec Paris et l'intérieur de la république, occasionneroit une baisse considérable dans les charbons de terre, et les compagnies de Fresne et d'Anzin éprouveroient une grande diminution dans leurs profits. Les actionnaires de ces deux compagnies désirant éviter cette perte, font tout ce qui est en leur pouvoir pour empêcher la communication de la Meuse et de la Sambre avec l'Oise, sans s'embarrasser de ce qui en peut résulter pour la patrie. D'un autre côté, le canal souterrain leur rend la vente exclusive, et assure leurs bénéfices ; aussi protègent-ils ce projet, soit qu'il puisse être avantageux ou non au gouvernement, parce qu'il l'est à leur intérêt particulier ; et ils sont bien certains, s'ils parviennent à empêcher le projet de M. de Lafitte d'avoir lieu, de ruiner les propriétaires des mines des autres endroits de la Belgique, qui n'ont pas des fonds aussi considérables à mettre dehors, mais qui, par la différence des frais d'exploitation, seroient bien sûrs de la préférence, si la communication étoit ouverte pour eux comme pour la compagnie d'Anzin et de Fresnes ; ce qui établiroit une concurrence très-utile au public, et qu'on ne pourra obtenir avec bien d'autres avantages que par la jonction de l'Oise avec l'Escaut et la Sambre, conformément au projet du général Lafitte Clavé.

A Amiens, le 7 Ventôse, an 10 de la République.

BOSQUILLON DE FRESCHEVILLE, ancien Officier du Génie.

APOSTILLE DU CITOYEN L'ESPINASSE,

Membre du Corps Législatif et ancien Officier au Corps du Génie.

Je certifie que le présent mémoire venant de m'être adressé par mon ancien camarade au corps du Génie, Bosquillon de Frescheville, est conforme à l'original. Je certifie aussi que la plupart des notes qui le composent, ont été fidèlement puisées dans des sources authentiques (ou leurs copies) que l'on peut vérifier, soit au dépôt de la guerre, soit au ministère de l'intérieur. Et je certifie spécialement que les faits relatifs au projet du général Lafitte, soit qu'on élève des objections sur la jauge des eaux, soit sur l'exactitude du nivellement, et des déblais qui en sont la suite, soit sur les levées du terrain, et autres détails ; je certifie, dis-je, par l'exactitude presque mathématique que nous avons mise à toutes ces opérations, que les difficultés élevées contre cet excellent projet, sont toutes illusoires, et disparoîtront dès qu'on le méditera, et qu'on se proposera de le juger comparativement avec tous ceux qu'on a mis en opposition, si l'on a pour but d'atteindre à la plus grande réunion d'avantages publics, aux moindres frais possibles.

Paris, 3 germinal an 10 de la République.

Signé L'ESPINASSE, de la Haute Garonne.

Nota. Page 8, l. 30, *chaleur* : lisez, *température*.

DE L'IMPRIMERIE DE DELANCE ET LESUEUR.

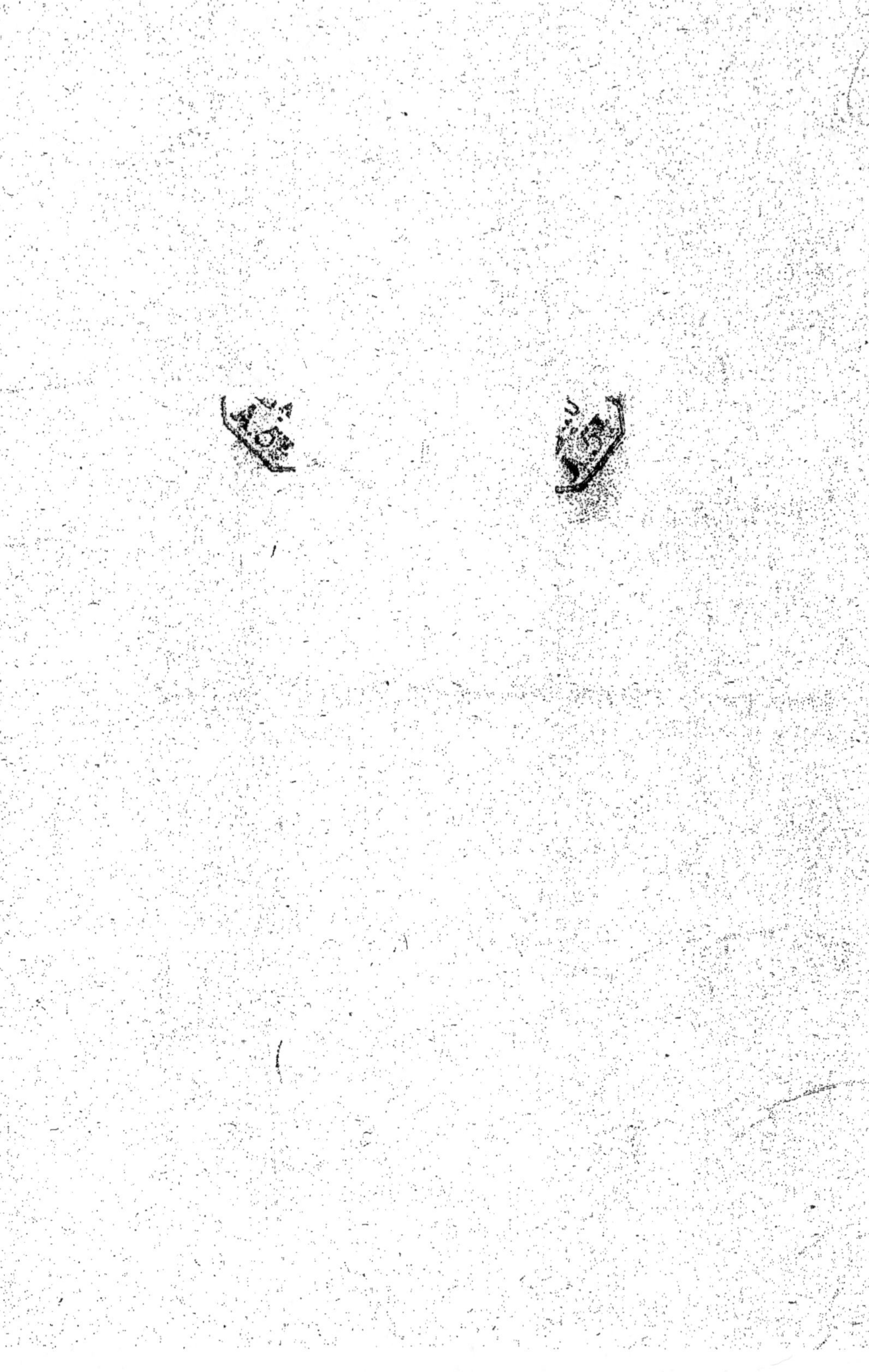